生命，因閱讀而大好

不是我太敏感，而是你太過份了

設立界線、擴展心靈韌性，活出自己的樣子

내가 예민한게 아니라 네가 너무한 거야

暢銷作家‧精神科醫師
劉恩庭（유은정）──著　張召儀──譯

前言

「我說這些都是為你好，聽了別不高興」

feat. 希望你能閉上那張嘴

在《為什麼？對別人這麼好，內心卻總是受傷》一書出版後，很多人對我提出疑問：「如果不想受到傷害，到底應該怎麼辦？」他們表示，即使對方侵犯自己的領域，或是肆無忌憚地發動攻擊，自己也因為沒有適當的應對方法，以致於每次都在同一處跌倒。

說到底，都是「界線」（boundary）的問題，也就是無法守住自己和他人之間存在的心理界線，才會導致這樣的情況發生。

來舉個簡單的例子吧。

試著想像一下：今天從早上開始就覺得特別餓，一直在等待午餐時間到來。然而，當自己拿著湯匙準備舀起熱呼呼的湯時，對面的人突然把筷子伸進我的飯菜裡。當下不僅胃口盡失，也湧起一股不悅的情緒。

「啊，你這樣真的讓我有點不高興……」你正試圖表達不滿，但對方卻辯解：「知道了啦！我不吃不就好了嗎？又不是什麼大不了的事，你為什麼這麼敏感啊？」這時，你會有什麼樣的想法呢？

不只侵犯到個人領域，還打壓對方的情緒，更不打算理解背後的原因，和這樣的人面對面坐在一起，不是件愉快的事。

試著觀察一下，平時像一口深井般不輕易表露情緒的你，突然板起臉提出不同意見時，對方會採取什麼樣的行動——他們只會將你那嚴肅認真的態度，當成一次性口罩般隨意丟棄。他們無視你的感受，把你看作是開不起玩笑的人；或者認為你不懂得區分何謂好意，是個讓人感到鬱悶的人；抑或是自己明明把你當成疼愛的後輩才會那麼說，將你視為一個鑽牛角尖、把話往心裡去的人。

他們將自己的無禮轉化成是對方太過敏感，發揮了卓越的技巧，把自己的缺乏體貼反咬成是對方過於小心眼。因此，即便是自身犯下失誤，也像是錯不在己般地把責任歸咎給對方，在一瞬間就逆轉了情勢。為此，你憤怒的情緒漸趨清晰，但「自我」的存在卻相對變得更加模糊，這不僅是最糟的情況，也是加害者和被害者角色遭到對調，令人深感氣結的時刻。

在醫院開設的初期，我也曾細想過：「來醫院的為什麼不是需要治療的加害者，而是讓人感到惋惜的被害人呢？」並為此覺得相當鬱悶。然而，現在的我明白了：那些悄悄將他人的精神、時間、努力和誠心偷走的吸血鬼們，並沒有什麼好感到煩躁的，因為他們指使別人去做自己不想做的事。只要有想搶奪的事物，就會不擇手段、用盡一切辦法將之占為己有。他們直到最後都不會忘記：自己手中握有人際關係的主導權。

「我只是比較直率而已，那些話都是為了你著想才說的，不要太敏感地往心裡去。」

等價交換的人際法則

仔細觀察看看他們說的話吧！雖然美其名是「為了你著想」，但深入剖析後會發現：在很多情況下，他們其實是「站在自己的立場思考」、「為了自己」才說出那些話。為了自己而讓步，體貼的其實是自己；或是為了自己而要你按兵不動……因為話語裡藏有這些意圖，才導致我們如此敏感地做出反應。

至今為止，我看過很多人自己沒有籌碼，卻以他人的人生當作擔保，進而打算孤注一擲。這些人在他人的挫折中獲取安慰，透過他人的不幸來感受幸福；用一時的好運來鞭笞他人的努力、挫敗他人的意志，且將其推入倦怠的泥淖，再踩著那樣的絕望往上爬。他們對辛苦減重成功的人嘲諷：「急著減肥的話，百分之百會再復胖。」對子女順利考上大學的父母，他們挖苦道：「不是名門大學又怎樣，反正有大學畢業證書就好啦。」對買了一輛新車而興奮不已的人，他們則潑冷水：「唉呀，應該多加一點預算，買台進口車啊。」

情感剝削者就像賭徒一般。如同嗜賭之人玩花牌[1]時對「摸牌的滋味」上癮，情感剝削者很難捨棄掐住他人咽喉的快感。但是，想拿別人的人生當賭注的話，就要把自己的人生也押進去，這才是所謂等價交換的人際法則。

世上最容易的就是閃躲和旁觀、沉默和逃避。愈是無法分辨謙遜和怯懦的人，在遇到不舒服的情況時，就愈是會無條件地選擇迴避，這是心靈匱乏所招致的不幸。物質上的窘迫會讓人養成清貧的習慣，但精神上的匱乏會使人意志潦倒。如果想安全地守護自身的情緒領地，首先應該要拋棄一貫沉默與迴避的態度。此外，由於自己也隨時可能成為侵犯他人情緒領地的加害者，所以必須各自努力，力求不去侵擾他人的心理界線。

能夠獨善其身，亦懂得與他人和諧共處——讓我們一起成為這樣睿智的個人主義者吧！唯有如此，人際關係才能不再陷入空虛和迷惘。

為正奮力度過人生酷寒期的你我祈禱

劉恩庭

1 大約在十九世紀時從日本傳入韓國的傳統紙牌遊戲。

Contents

chapter 2

我只是厭倦了存在

feat. 為需要藉口的你準備的心靈處方

chapter 3

想拿別人的人生當賭注，就要把自己的人生也押進去

feat. 為需要成長的你準備的心靈處方

chapter 4

到底要怎樣才能「加油」？

feat. 為需要勇氣的你準備的心靈處方

chapter 5

不好意思，請不要越過那條線！

feat. 為需要信心的你準備的心靈處方

Chapter 1

是我太敏感？不是你太過份了嗎？

feat. 為需要戰友的你準備的心靈處方

我們都遇過這樣的情感剝削者，他們隱約地顯露出敵意，破壞他人的心情，然後當對方為了自我防禦和自我保護、表現出「你越線了」時，就生氣地嚷著「你也太奇怪了」、「會不會太敏感了啊」。明明先侵犯他人的領域，卻在對方要求遵守禮儀時大發脾氣。

連你也幸福的話我會很難熬，所以希望你過得不幸

觀察前來接受諮商者，會發現他們有幾個自我攻擊的修飾語，其中最具代表性的就是「敏感」這樣的表現。「敏感的人」大致可以分為兩種類型：一種是與生俱來，在性格上「敏感的人」（sensitive person）；第二種是由於周邊環境、狀況或是面臨的問題，因此不得不變得尖銳的「處於敏感狀態者」（sensitive condition）。

本書所提到的「敏感」，指的不是與生俱來的個性，而是打算談一談上述的第二種情況，亦即突然接到對方不經意扔過來的球：「你為什麼因為一點小事那麼敏感」，卻還要高喊著「沒錯」的時候。因為這是情緒暴力的加害者與內心受創的被害人，兩者角色遭到互換的戲劇性瞬間。

行動來自習慣，話語反映人性；面由心生，觀相知人

在久違的大學同學會上，二十多歲的女孩宣荷經歷了相當荒唐的場面。當時她正和朋友們聊天，在家鄉和她就讀同一所國中、高中的好朋友，卻突然將宣荷的居住環境拿來當作話題。

「宣荷從鄉下上來後，住在考試院[2]生活耶！不覺得很厲害嗎？我覺得超恐怖，我絕對沒辦法住在考、試、院。」

在那一瞬間，宣荷感受到莫大的羞愧感。住在考試院並不是問題，而是自己的情況在未經同意下就被洩露出去，因此無可厚非地升起那樣的情緒。高喊著

2 韓國特有的租屋型態，空間窄小，價格低廉，無需繳納押金和水電費，最初主要提供從他地前往首爾考試的學子居住，但目前住客群體愈趨多樣化。

沒辦法住在考試院的朋友，目前寄居在首爾的阿姨家。

相識十五年的那位朋友，在宣荷率先進到理想的公司任職時，就開始對她進行情緒方面的攻擊；甚至在她談戀愛後，不分青紅皂白的進犯變得更加嚴重。

朋友會看著文具迷宣荷蒐集來的原子筆，勸說道：「蒐集那些原子筆是要用在哪裡啊？換個成熟一點的興趣如何？」看到宣荷打算和男友一起欣賞而預購音樂劇票，她則感嘆地說：「怎麼現在才要去看啊？」當得知宣荷正在上語學院時，又說「那間補習班不怎麼樣」，然後告訴她自己所掌握到的高級情報。

現在，就讓我們反過來分析看看，這位「極度」為宣荷著想的朋友所說的話：她用「成熟一點的興趣」貶低宣荷蒐集文具的嗜好；對期待觀賞音樂劇而興奮不已的宣荷，她以失落感來顛覆那純粹的幸福；不僅如此，連宣荷努力打聽後報名的語學院，她也用「那間補習班不怎麼樣」，讓宣荷對自己的選擇產生懷疑。藉由「那點東西」、「我覺得不怎麼樣」、「不過才……」、「唉唷」等幾句嘆息的話，毀壞宣荷的情緒領地，這就是經常被提到的「友情勒索」。

「邏輯性的對策」、「合理的懷疑」、「真正的安慰」，那些人在耳邊嘀嘀咕咕的所謂「知心話」，用一句話來總結就是：

「如果連你也變得幸福的話，我不就太難熬了嘛！所以不管他人怎樣，至少你不可以比我幸福。若你能一直這麼不幸就好了。」

一個人的行動源自於習慣，話語則反映了人性，正所謂面由心生，觀相可以知人。

另一種狼與狗的時間——友敵

最近在診療室遇見的來談者，有很多都吐露了關於「友敵」（frenemy）的煩惱。所謂的「友敵」，是由朋友（friend）與敵人（enemy）兩個詞組合而成，使用在不知道身邊的人是為自己祈求好運的真正朋友，或只是假借「朋友」名義卻胡亂眼紅、嫉妒的人。我個人想要這樣定義：友敵不是為了證明朋友確實存在，而是想要否定朋友存在之人。

友敵大部分是情感的剝削者，也是情感的掠食者，以一句話概括可以稱之為「情感吸血鬼」。他們就像宣荷的朋友一樣，隱約地顯露出敵意，破壞他人的心情，然後當對方為了自我防禦和自我保護，表現出「你越線了」的時候，就生氣地嚷著「你是不是有點奇怪」、「會不會太敏感了啊」。明明先侵犯他人的領域，卻在對方要求遵守禮儀時大發脾氣，連在表達歉意時也過於理直氣壯，反倒讓接受道歉的人覺得是不是自己做錯了事。

情感吸血鬼的目標只有一個：犧牲對方來降低自身的劣等感，並藉此確認自己處於優勢地位。因此，他們不斷地去動搖對方，試圖增加其不安與恐懼。

他們躺在灰塵滿布的房間地板上，透過嫉妒、憤怒、同情、憐憫等，想盡辦法讓對方和自己一樣跌入谷底；他們牢牢抓住努力邁出步伐之人的腳踝，嘲諷道：「談戀愛之後整個人都變了呀」、「房價漲了就耀武揚威啦」、「出生在好人家，生活過得真是愜意呢」，用帶著挑釁的話語和行動，不停刺激對方使其變得敏感。若對方覺得生氣，他們就會解釋「自己說的話沒有惡意」，打算一笑置之。

自己的本陣受到襲擊，沒有一位選手還可以處之泰然地繼續進行比賽。在防禦時變得極度敏感是很正常的事，若對方不喜歡我變得敏感，那麼一開始就不應該越線。

關鍵就在這裡：沒有惡意的話語和行動！我很想問問這些人：到底想要從事什麼？有什麼樣的生活目標？是否曾為了實現自己的夢想而奮力奔跑過？有沒有真心對待過他人，並且對自己的分內之事全力以赴？因為自己無法順心如意，就想讓拚命掙扎的人嘗到失落感，將他人推入倦怠的深淵，這種悲觀的理論究竟是從哪裡學來的呢？即使做不到去鼓勵、稱讚用心生活的人，也不應該將之貶低為「只是單純地運氣好」。

此外，更重要的是，像宣荷這樣的被剝削者，必須懂得讓情感吸血鬼停止突然地跳進圍牆裡來，在自己的前院享受野餐。他們二十四小時佔據了你的時間或情感，以便在自己需要時可以任意開門進入。若對於這種毫無預兆的突襲感到倦怠，忍不住說道：「不好意思，今天可不可以請你先回去？」他們就會回嘴：「你平常都不會這樣，今天特別敏感耶！」、「真是沒有幽默感」、「感性的傢伙」、「認真鬼」等等。因為是朋友、因為是家人，是出於信任才找上門的，怎麼可以如此傷人呢？他們一邊這麼說，一邊將自己無禮和冒犯的責任，反過來推到你身上。

每次宣荷只要與那位朋友見面，就總是會變得敏感，心情也跟著低落，我對著不清楚原因為何的她這麼說：

「宣荷，你並不是無故變得敏感，那位朋友不經大腦的話語和行動總是刺激到你，讓你的感覺變得尖銳。並不是宣荷過於敏感，而是那位朋友太過份了。」

現在，你需要具備三種覺悟

如果厭倦了「單方面付出，卻總是受傷」的情況，從現在開始，就要懂得培養守護自己情緒領地的力量。「會不會顯得過於敏感？」、「我會不會看起來太刻薄？」、「是不是有可能被冷落？」無論如何，都沒有必要因為這些擔心而疏於保護自己，或者對守衛自己的情緒領地趨於消極。我真的很厭惡那種明知道對方會受傷，卻不肯多加小心，還把自己的漫不經心與無禮歸咎為對方太過敏感，並對此窮追猛打的人。

若想把侵略情緒領地，還坐在那假裝自己是主人的情感吸血鬼趕出去，首先必須具備積極主動的態度。也就是說，現在是時候拋棄熟悉的關係與被動的心態所帶來的安全感了，而這樣的你，只需要做到以下三項：

第一，要有「決心」恢復自己被侵略的情緒領地；第二，「冷靜」地區分我的基準和你的基準不同；最後，必須具備能夠加以靈活分辨的「決斷力」——在不安的氣氛中，一步步朝我走近的黑影，究竟是平時可以信任且依靠的忠犬，還是打算前來傷害我自尊心的野狼？

來吧，現在「狼與狗」的時間開始了！讓我們做好心理準備，展開戰鬥吧！

以「為了你」開頭的話，為什麼最後變成「為了我」

繼千禧世代（一九八〇年代中期至一九九〇年代中期出生者）之後，Z世代（一九九〇年代中期至二〇〇〇年代中期出生者）的出現為社會帶來了全新衝擊。約佔人口百分之十五的Z世代族群中，大約百分之九十八的人持有智慧型手機，因為從小接觸的數位及媒體影響，他們對於IT擁有敏銳的觸角，而且對趨勢變化相當敏感。比起線下的世界，他們更熟悉網路生態，因此又被稱為「數位原住民」（Digital native）。

如果說以前的世代偏於理想主義，那麼Z世代族群則獨立性強、重視工作與生活的平衡（Work-Life Balance），優先看重經濟方面的價值，並且追求公正的遊戲規則與報酬。上述為媒體所定義的九〇年代出生者的特徵，此外，「沒教養」、「自私」、「斤斤計較」、「個人主義」、「追求合理」等，是和九〇年代出生者一起在職場工作過的人，共同做出的評價。

有「惡婆婆症候群」的前輩們

雖然擁有創世以來最好的資歷，但是卻被要求不斷努力的Z世代。這個世代的族群，格外被賦予許多華麗的修飾語，然而，這樣的「標籤化」對當事者來說，也有可能成為另一種形式的暴力。因為隱隱約約將Z世代「他者化」（讓特定對象看起來與眾不同，刻意用話語或行動強調其為遭受分離的存在）的社會氛圍，很可能被當事者解讀成是要求「保持距離」的信號。

而Z世代與年長一輩的人之間的矛盾，幾乎已到達戰爭的程度，這也是個值得深思的問題。

「在下班的二十～三十分鐘前就開始換衣服、補妝，大概是覺得沒有準時下班就算權益受損……一定就是九〇年生，九〇年生的才會那樣。」

站在管理者的角度，確實可能為此感到不滿。然而，在這句話裡面，似乎也藏有惡婆婆症候群：「這段時間我受了多少苦，就你一個人想過得輕鬆嗎」、「既然把我寶貝的兒子帶走了，當然也要付出相當程度的代價啊」。在諮商的過程中，我也曾被Z世代獨特的思考方式嚇一跳，不過，對此我只覺得是相當新穎的世代衝擊，並不至於劃線將他們歸類為「與我們不同的種族」。

或許就是出於這個原因吧？「就算你認為很合理，但社會生活不是這樣過的」、「我是為了你著想才這麼說的……」、「想當年我們……」，以這些句子為開頭的忠告，很多時候並不是為了對方設想，而是說話的人替自己在做盤算。不然的話，「為了你著想才這麼說的……」，最後卻變成「為了我、為了團隊、為了公司，請你務必要這麼做」，這樣的結尾又該如何解釋呢？

源自原始型態關係的誤解

從演化心理學的角度來看，人類對於陌生且未知的事物，會自動將其視為「怪物」，這是幾近於本能的反應。由於大腦是為了生存而組成的集合體，因此會對「初次見到且陌生的事物」發出警告訊號，在認清對方的真面目之前保持一定距離，並盡可能在確保安全之前不過於靠近對方。

如果我們的先祖看到老虎，就因為好奇心而毫無保留地撲上去，那麼說不定現在就沒有人類的存在了。因此，九〇年代出生者與既存世代的衝突，可以說是源自於「無法好好了解彼此」的原始型態關係。

至今為止，在診療室中遇見的九〇年代出生者，和過去的世代並沒有太大的不同：他們依舊比任何人都想擁有美麗的外貌，希望有智慧地解決與父母之間的矛盾，也期盼從長期應考生活導致的孤立感中脫離。

當然，解決引發心理問題的環境，處理方式的確會與以往不同，但我想說的是：他們的個人主義只是因應時代變化而來的特質，並非是弱點或是需要改善的部分。

「問題很多的九〇年代生」VS.「總是倚老賣老的上一代」

若想接納與自己個性不同的人，就要努力將其視為「個別的存在」，而非「一個特定的世代」。現在，就試著將「問題很多的九〇年代生」與「總是倚老賣老的上一代」這樣的範疇劃分，個體化為「〇〇〇組長」和「〇〇〇組員」吧，這一點是相當重要的核心。

不久前，有一位來談者表示自己領養了狗，當時我預估大約是馬爾濟斯那樣的程度。沒想到，在照片中露出燦笑的狗狗，是因為「桑根」[3]而廣為人知的大白熊犬（Great Pyrenees）。大白熊犬也屬於「狗」的範疇，如果從這個角度來看，牠和小型犬馬爾濟斯就變成了同一類別，這也就是為什麼在理解他人時，「個體化」會變得至關重要。

社會學家們表示，比起個人的價值觀，必須更重視集體的價值觀才能讓社會和諧地運轉。但是，現在的我們必須接受「各自謀生」已成為一種日常的新形態（New Normal），隱密的集權主義不再有立足之地。

最後，就像社會或老一輩的人用「九〇年代生」來綑綁和稱呼年輕人，很有可能會淪為情緒暴力一般，新世代的年輕人將前輩一概歸類為「老古板」，這點也同樣需要注意。此外，所謂的「老古板」說的話，也不一定全都是毫無價值的嘮叨，一定也會有不少對當事人有幫助的意見。倘若被侷限在「老一輩＝老古板」的框架裡，那麼錯過這些建言肯定是種損失。

而其中的關鍵在於主觀和獨斷是不同的，主觀為提出個人獨到的見解和看法，獨斷則是無視客觀性的依據，自己單方面地判斷或決斷事務。我們雖然需要具備明智的主觀意識，卻也同時要小心落於危險的獨斷專行。

3 曾出演韓國綜藝節目《兩天一夜》而廣受喜愛的狗，當時有「國民犬」之稱。

在診療室裡，有些人覺得獲取的建言對自己有益，就會拚命地想牢牢把握住；相對的，有些人無論我提出什麼樣必要的建議，也絲毫聽不進去半句。當然，通常前者的癒後情況會較為良好。唯有一點需要注意，就像前文所提到的，以「我是為了你著想……」做為開頭的忠告，結尾卻變成「為了我……」、「為了我們……」的話，那麼，果敢地忽略這樣的建議也無所謂，因為那些言語，才真正是毫無用處的「倚老賣老」。

想維持良好關係，還是打算討好對方？

《為什麼？對別人這麼好，內心卻總是受傷》一書出版後，我最常收到這樣的提問：「在一段關係裡，人們什麼時候會最感到受傷？」在出書時，我也曾從抽象方面和概念上去思考過，而就在我反覆回答這樣的提問後，答案也自然而然地歸納成形——就是意識到自己被排除在他人的關心和認可之外時，那股瞬間湧上來的失落感。

因為不被理解而畏首畏尾，以及遭受輕視時的羞恥感，這些傷害遠比想像的還要更巨大與深刻。就像小狗看到人會開心地翻肚討摸或是搖尾巴一樣，當自己毫無防備地向對方走近，卻發現被貼上「可以隨便對待」或是「好欺負的人」的標籤時，那一瞬間不僅僅是人際關係，連自我意識和自尊心都會面臨崩毀。覺察到自己只是像傀儡木偶一般，為了滿足他人的欲望而行動，這樣的心情並不好受。

如果想在不勉強自己的前提下締結健康的人際關係，那麼，最重要的就是清楚分辨自己對於這段關係的渴求，也就是必須懂得區分自己是「想要和對方好好相處」，還是「想要討好對方」。

若想與對方融洽相處，那麼追求的是不存在「甲方」或「乙方」的水平關係；如果求好心切想表現給對方看，就會在不知不覺中形成垂直關係。後者不僅會在無意識中觀察對方的臉色，還會一頭熱地給予對方根本不願領受的盛情。或許，所謂的「關係」，本來就是在「想與對方好好相處」與「追求表現的心意」

之間拔河拉鋸。今天雖然站在前者的立場，但明日也許就變成後者的角度。我們的心意，總是像坐著蹺蹺板一樣。

有前途的人vs.不起眼的人——失之毫釐，差之千里

大學二年級的妍熙對於小組作業懷有很深的畏懼，在國高中時，她曾在三五成群的好友間經歷過「適應困難」，當時的事件，讓她在證明自我價值方面產生了恐懼。相較於同質性，人類原本就對異質性會更表現出好奇，且一旦認知到對方與自己不同，就會開始進行差別性對待，而非去接納對方。

深知這種人類特性的妍熙，希望自己在大學不要受到排擠，而是能夠獲得接納。她的個性雖然膽小謹慎，但是她渴望擺脫過去的傷痛，蛻變為舞台上的主角——不，是想要成為自己人生的主人公。

結果，妍熙出於想討好同學們的想法，又再次打破自己心中的防線。她嚴格遵守與朋友之間的約定、代替他們完成作業、將自己在圖書館佔到的位子讓出去，試圖藉由這些行動來證明自己的存在感。然而，與國高中時不同，妍熙這次遭到了選擇性的排擠，同學們只在需要妍熙的貢獻時才去找她，並且為她貼上「善良朋友」的標籤，讓她在那樣的框架裡動彈不得。

妍熙這時候才明白，自己將想和同學們「好好相處的心意」，錯誤地表現成「想討好他人的欲望」，且自己並非精力充沛的類型，對於團體性社交活動其實倍感吃力。透過該事件，妍熙又再度體會一項人生教訓。

生活在這個險惡的世界裡，我的心志好像太過脆弱

「班上有一名同學，連教授們都認為他沒什麼前景，但就在某一天，因為那位朋友自己有車，所以幫忙把從樓梯上摔下去的清潔工阿姨送去醫院。從那天之後，大家就開始說他『前途似錦』。醫生，其實到目前為止，小組作業的簡報都是我一個人完成的。不久之前，我因為家裡有事，告訴大家我沒辦法做

PPT，他們卻說我在扯後腿、背叛什麼的。要在這個險惡的世界裡生活，我想我的心志還是太脆弱了。」

平常自私自利的人，偶爾做出一次明智之舉，就會瞬間變成「前途似錦的人」；一直以來懂得付出關懷的人，只要表達出一次拒絕，就會徹底變成「背叛者」、「沒有用的人」。

我在診療室中看過無數類似的案例，因此，我會建議當事人拋棄那些想要討好他人的想法，把人際關係的能量花在與對方的和睦相處上。因為當自己想要獲得認可的欲望，壓過想要獲得尊重的渴望時，各種問題就會開始浮現。

姸熙如果想和大家維持良好關係，首先最重要的，是必須能夠分辨「獲得認可的欲望」以及「表現的欲望」。雖說想要得到認可，就必須有所表現，但有些人就像姸熙一般，並不擅長表達自身的情感與渴求。「那個似乎不怎麼樣？」、「我的想法和你不同」，有些人連說出一句這樣的話，都像要在公文上蓋指印一般耗費心力。

當想獲得關注的欲望達到一百分時，至少也要表現出三十分，但是他們卻連十分也無法展現出來。這是因為「表現」所帶來的畏懼感，徹底勝過了「被忽視」的恐懼。

大膽而淡然，單純卻又堅強

嬰兒哭鬧的理由，是因為肚子餓了、尿布讓他不舒服或是睡意襲來。為了滿足這三種單純的需求，孩子們哭到臉頰和脖子全都漲紅。從這樣的角度來看，忠於本能的孩子，其實要比大人強得多。

如果像妍熙一樣，不擅長表達自己的想法或意願，那麼就應該先用文字將自己的想法和內心話記下來，然後嘗試練習把話說出口。「那個想法也不錯，但我可以提出一些不同的意見嗎？」、「我知道你想表達什麼，但那個問題對我來說有點敏感，可以等我釐清思緒後再和你談嗎？」等，試著大聲將自己平時難以啟齒的話表達出來。

內心話之所以重要，是因為其中包含了個人的看法、價值觀、判斷、感覺、情感等，因此，只要懂得正確使用這個方法，就能一定程度地消解在表現欲上的不滿。

內心脆弱的人為了逃避某些情況，很多時候會在不知不覺中說出場面話。所謂的「場面話」，就是不帶有一絲一毫自身的欲求，相當於沒有靈魂的空談。切記，千萬別讓自己的話語，變成是聽了也不痛不癢的耳邊風。

沒有人不想成為人生的主人公，解釋自己因為害羞、謹慎或是覺得丟臉而討厭受到注目的人，在聚會上如果被當作「空氣」，也同樣會感覺到不舒服和不愉快。在眾人好奇的目光中誘發的「極致緊張感」，和得不到任何人關心、像裝飾品一樣被擱置的「不悅的輕鬆感」，你會選擇哪一種呢？

問題的癥結點，在於自己想要成為什麼樣的主人公：是反射於清澈湖面上的耀眼陽光，還是能夠照亮漆黑海岸路的堅實燈塔呢？首先要對此做出決定。似乎大多數的人都會渴望站在華麗的鎂光燈下，但令人意外的是，也有不少人希望能夠成為「大膽而淡然、單純卻又堅強的主角」。

滿足他人欲望的傀儡木偶

「女孩應該具備兩種特質：第一是有品味且迷人的態度，第二則是了解自身的定位，並且懂得自己想要的是什麼。」留下這句名言的「可可」嘉布麗葉兒・波納・香奈兒（Gabrielle Bonheur Chanel），因為改變了時尚潮流而聞名全世界。當時在時裝界也有一位女性，和香奈兒一樣擁有巨大的影響力——瑪德琳・薇歐奈（Madeleine Vionnet），她是全世界最早改變布料的剪裁角度，創造出「斜裁」法（Bias Cut）的人，與可可・香奈兒並列為最具影響力的人物。不過，她極度抗拒自己被曝光在大眾面前，可以說是自願隱居於幕後的「局外人」。

香奈兒與薇歐奈，這兩者你偏愛哪種類型？不對，應該說你更希望像誰呢？

如果夢想成為像香奈兒一樣的主角，那麼首先就必須培養自己在待人處世上的情緒管理能力。所謂「待人處世方面的情緒」，顧名思義就是在與他人建立關係時產生的情感。一般人光是要處理自己的情緒就已經相當費神，若還要進一步顧慮到他人情感，勢必會消耗掉很大的精力。如果缺乏這樣的能力，又夢想成為像香奈兒一樣的主角，那麼就會像前文所提到的，很有可能會淪為滿足他人欲望的傀儡木偶。

倘若只是想維持良好的人際關係，而不是想討好對方的話，夢想成為像薇歐奈那樣的主角也無傷大雅。只不過對人類而言，有些情感是獨處時感受不到，必須要兩人以上才能經歷的，像是存在感、自我認同感、連帶感、紐帶感、歸屬感等就屬於此類。這些情感會對自尊心和生活品質產生巨大影響，因此，無論多麼倦怠，也千萬不要放棄經營人際關係，而是應該拋棄打算討好他人的欲望。因為光是要和人們融洽相處，就足以讓我們費盡心力了。

忠於自我，不再自我欺騙

在價值觀兩極化加劇的情況下，由此所產生的副作用，似乎也在人際關係中顯現了出來。認真對待每一件事的人，被視作「認真鬼、努力鬼、年輕的老頭、無趣」等，遭到嫌棄和厭惡，這種用不成熟的態度來看待他人努力的現象，在社會上正逐漸地增加。而當中最嚴重的問題，莫過於認真和努力的人，也開始漸漸失去立足之地。

因為做事腳踏實地、努力不懈而在職場上受認可的荷靜，雖然經常被同事質疑：「為什麼連那樣的事都是你在做？」但她總說自己樂於在工作中學習。荷靜的態度積極，於是總有很多問題想向前輩們請教，有時也會需要一些建議。長期下來，比起身邊的同事們，荷靜自然而然與前輩們相處起來更加輕鬆，在同事之間也就遭到相對性的孤立。

在茶水間三三兩兩聚在一起打鬧、嬉笑的同事們，只要看到荷靜出現就會默默散去，面對這樣的同事，她不禁陷入苦惱：「我在職場上哪邊做錯了嗎？」、「我的個性有什麼問題嗎？」

因為態度勢利，所以也只能活得斤斤計較

「無趣＝缺乏魅力的人」，這樣的標籤來自於不想認可與自己不同的人，是用「二分法」思考所導致的結果。熱衷於二分法的人為了讓自己歸屬於「甲方」，於是製造出稱為「乙方」的敵人。隨著歸屬的欲望愈來愈強烈，對「乙方」的敵意也會愈來愈濃厚。因此，他們以中二病、老古板、渣男、媽蟲、愛現鬼、

好命鬼等標籤來稱呼所有被視為敵人的對象，並且展開無差別的攻擊。

已經牢牢站穩腳步、或者被大家認為前途一片光明的人，不會去折磨那些比自己不足的人。不，應該說是連欺負他們的時間都沒有。一般都是處於中段階層、位置不上不下的人，為了不讓自己的不安暴露於人前，才會去刁難和嫉妒那些被認為處境比自己差的人。這類人會以他人的不幸為跳板，炫耀自己的存在，用別人的悲劇當作墊腳石來確認自身的優越。

這類型的人即使表示自己歸屬於「甲方」，但是當詢問他們是否在歸屬感或安定感上獲得滿足時，卻又不是那麼一回事，只是仇人「乙方」一直相對增加而已，即便有時他們也會需要討厭的「乙方」協助。

情況演變至此，擔心自己在別人眼中是否過於勢利的人也急遽增加。然而，一味地追求他人認可，以致於忽略自己內心的渴求，這樣的態度才是真正的問題所在，勢利與否並不會成為問題。

某位三十多歲的來談者，在讀書會上遇到一位話特別多、嗓門又大的女性。俗話說討人厭的人專挑令人厭惡的事情做，對方的表現不知道有多誇張，讓她忍不住覺得對方應該要去參加嬉鬧型的聚會，而不是出席讀書會。

某一天，那位令人看都不想看一眼的女子，穿著一件與熟齡女性較搭的襯衫出現在讀書會上，那副模樣不禁讓人心想：「果然什麼人就穿什麼衣服呢。」不料過沒多久，那件襯衫被認出是某個時尚領導品牌新上市的當季商品。

來談者表示，從那一刻開始，原本看起來俗氣不堪的花紋瞬間變得高級，在聚會上她絲毫看不見人的存在，映入眼簾的一直是那件花襯衫。對於自己的這副模樣，她想著：「雖然不認識該品牌，但一得知價格我就馬上有反應，果然我的想法還是很勢利。該怎麼辦才好呢？抱著勢利的態度，就只能活得斤斤計較了吧……」

她露出苦澀的表情，說自己第一次主動與那個令人討厭的女性對視，就算對方的幽默毫無邏輯可言，自己也跟著開懷大笑。

想要與眾不同的熾熱渴望——差別化

過去是否也有某個時代，像現在一樣毫無顧忌地流露出對金錢的野心、對物質的欲望呢？人類基本的衣食住問題獲得解決、安全得到保障，並且在社會上站穩腳步後，就會進入追求與眾不同的階段。

因此，人們對於優秀的資歷、精品包和名牌手錶、賓士和奧迪、江南地區[4]的大廈等流露出渴望，這是相當自然的現象。不能將想炫耀、獲得認可，或者是想變成富翁的心態，斷定成是世俗或勢利的表現。

單單從「房屋」這個概念來看也是如此。對某些人來說，房屋不過是遮風避雨的實用空間；但對有些人而言，房屋是增進資產最有利的武器。

因為與自己的想法不同，就斷定對方世俗或勢利，這種「二分法」的視角相當危險。因為這種解讀角度，形同於否定想要獲得物質補償的一連串行為和過程，是「努力嫌惡主義」的基礎。

嘲弄認真對待每一件事的人無趣，或是將渴望追求成功的人貶低為趨炎附勢，這樣的視角之所以危險，其中還存在另一個理由：某人如果受到周圍人們的這般嘲笑，很可能會將自己腳踏實地的努力，看成不過是「含著土湯匙的奮鬥」。

在二十幾歲的年紀，幽默感、富有個性的風格、多樣的知識等會讓人大放異彩，但是進入三十歲之後，情況就會變得不同。對自己的分內之事全力以赴，這樣的努力不僅會散發出光芒，也會成就較高的生產效率。因此，千萬不要看輕自己、減少「認真的態度」或降低「努力的姿態」。

在如今的時代，很難單靠個人努力就得以提高身分地位。出身一般大學、就職失敗、經歷短暫等，很多時候，這些理由都會讓自身的努力化為泡影。然而，並非自己一路走來的所有時間也會一併消散。《哈利波特》（*Harry Potter*）的作者J.K. 羅琳（J. K. Rowling）曾說過：「失敗為我摒除了那些不重要的事物，

4 為韓國首都首爾的一個行政區，位於漢江以南，是首爾的重要商業地帶。

我不再自我欺騙，而是忠於自我，讓自己全心專注在寫作上面。」

現在，對我們而言最需要的就是：「停止一切不屬於我的事物，追求忠於自我的時間」。

欣然接受被冷落的感覺

「不是我的、不可能屬於我的、不想費心將之變成我的」，荷靜最終也決定與那些同事們明確劃清界線。也許對她的同事們來說，荷靜的表現看起來像在對上司阿諛奉承，只是完成一點工作就誇誇其談。

即便如此，荷靜還是欣然接受自己所選的疏離感，果斷地待人處事。每當自己出現時，同事們就會像灰塵一樣四散，看著這樣的同事們，雖然偶爾還是會覺得被冷落或受到屈辱，但她並未因此動搖。

「我討厭卑鄙的行為，同流合汙也不適合我。」

若想過好社會生活，就要懂得培養區分「同流合汙」和「齊心協力」的眼光。同流合汙指的是因為不良目的，彼此狼狽為奸的行動；齊心協力則是指兩個人以上，一起共度某些經驗或生活的行為。而區分這兩種行為的標準，就在於「自我疏離」的情感，意即為了迎合他人喜好，忽視自己真正感受時所產生的情緒。

在應該輕鬆享受的聚會上，為了不失去某人的關注，刻意過份地大笑或嬉鬧，或是突然沉默不語等，以類似方式展現出與自己平時大相逕庭的面貌時，就有必要思考一下是否正陷入「自我疏離」。如果自我疏離的情緒相當強烈，這樣的相聚就是「同流合汙」，反之則為「齊心協力」。

比起不做違心之事時所感受到的孤立感，為了不失去某人的關心而與其同流合汙，這種隨波逐流的態度，會對自尊心造成更致命的傷害。如果是真正同心協力的關係，就不會有需要忽視自我的狀況發生，也沒有必要費盡心力隱藏自己的真實想法。

絕不能因為虛假的關係而喪失自我，與其在這種關係上絞盡腦汁，還不如自己一個人在家睡個午覺。

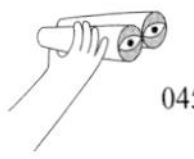

「我」是自我的起始，Inner Child Challenge

〈Inner Child〉是防彈少年團成員V的個人單曲，他回憶自己童年時期所唱的這首歌，為許多歌迷帶來了極深的共鳴。而從此處獲得靈感的全球粉絲們，也開始發起向年幼時期的自己傳達安慰與問候的「Inner Child Challenge」。

這個挑戰進行的方式，是將自己年幼時期及現在的照片左右並列後上傳，並且對自己寫下一些簡短的話。

#小時候的我！動不動就哭、老是受到傷害又很懦弱。希望你能變得更堅強一些，

領悟到這個世界並不容易。當你哭泣時，別忘了還有願意擁抱你、愛你的人存在。

#再見了！一直做出傻決定的〇〇啊。如果是現在的我，一定不會做出那樣的決定。但是我並不後悔，因為那些經驗讓如今的我變得強大。

我個人之所以對 Inner Child Challenge 感興趣，是因為參加這個活動的人們，對自己內心存在的孩子給予了擁抱。讓我們來看看前面舉的幾個 Inner Child Challenge 的例子，進一步分析其中的內容吧！

・懦弱且孤單的孩子

→有很多人愛著自己的孩子

・傻瓜般的孩子

→雖然過去像傻瓜一樣，但因為那些時間而變得強大的孩子你看見了嗎？在原本「孤單的孩子」旁邊，站著「被愛的孩子」；年幼時期「像傻瓜一般的孩子」旁邊，站著「變得更堅強的孩子」。這些都不是個別獨立的存在，試著用上述的方法擁抱自己的「內在小孩」，那麼孤單的孩子和被愛的孩子就會一併被接納，達成統合的自我認知。

站在未曾敞開的門前

英國的歷史學家愛德華·卡耳（Edward. H. Carr）在《何謂歷史？》（*What Is History?*）一書中曾提到：「歷史是歷史學家與真相之間連續不斷、相互作用的過程，亦是現在與過去永無止息的對話。」一個人的歷史也是相同道理，我們必須在「過去的我」和「現在的我」之間架起對話的橋樑，唯有如此，我們才能習得在年幼時期未能領略的適當的吵架方法、正確的和解方式，以及如何好好地愛人、坦然面對離別。且更重要的是，要能學會如何堅強地重新站起來。

擁抱內在的孩子在心理學上也是非常有意義的自我治癒法。我們每個人都和受傷的內在孩子一起生活著，在診療室遇見的人當中，幾乎沒有人會像電影一樣美好地回憶自己的童年。大部分人回想起的自我形象，是未能充分得到父母關愛的不幸孩子；是在兄弟姊妹的夾縫中，為了守護自我領域而孤軍奮鬥的可憐孩子；是身為獨生子女，自己一個人度過漫長時間的孤單孩子。

而在這當中，受到父母習慣性、反覆性體罰的小孩，可說是最惡劣的情況。從應該負責孩子安全，守護其免於危險與苦難的對象身上受到直接性的攻擊，這樣的傷害會在內心深處扎根，難以輕易消除。

在這種情況下，大部分的孩子不僅失去應該獲得照護的權利，連自我防禦和保護的權利也被剝奪。只不過是為了避開朝自己飛來的物理性威脅，才將雙手舉起來而已，但父母卻施以更高強度的脅迫：「還不馬上把手放下來！」父母親的這句話，就等同於是在告訴孩子：「無論是誰掠奪你的希望、嘲笑你的努力、無視你的情感，都絕對不可以抵抗或逃避，必須完完整整地接受。」連最基本的自我保護權、自我防禦權都被剝奪殆盡。

那些年幼時期受創的記憶，即便在長大成人後也不會自動消失，就像是固定式衣櫃般存在我們的心裡。並不是因為你較為敏感或是格外與眾不同，面對一扇不向自己敞開的大門，人類本來就會如同孩子一樣在門前徘徊，更何況如果那扇門是所謂「父母的保護和關愛」。

若父母理解孩子的這番渴望，即使遲了一些也願意承認自己的失誤，同時給予年幼時和成年後的你擁抱的話，這樣的結局固然很好。然而，類似的感人場面只有在電視劇中才有可能出現，也許聽起來很殘酷，但現實總是令人無奈。

不成熟的父母，也只不過是上了年紀的孩子罷了。他們就像是穿上爸爸的大件西裝、提著公事包的男孩，以及穿著媽媽的洋裝、搖搖晃晃踩上高跟鞋的女孩。配戴著與自己身體不搭的飾品，他們終其一生都無法承受這些重量，只能走得步履蹣跚。連自己身體都無法好好穩住的父母，又如何保護或照顧誰呢？

雖然令人遺憾，但如果擁有這樣的父母，應該要中止企圖獲得父母道歉的念想。認清自己的願望不切實際，對自己未能受到保護的童年展開哀悼，才是更加可行的途徑。

請你一定要成為一名帥氣的大人

因父母而受到傷害、蜷縮成一團的內在小孩，能夠給予他擁抱的人，就只有你自己而已。應該將幼年時在父母身上所期待的暖和體溫、溫柔語氣、支持和鼓勵、無條件的愛等等，當作禮物一般送給自己。

看見那個獨自坐在房間角落，撲簌簌流著眼淚的孩子了嗎？看見那個想在母親懷裡放聲大哭，但媽媽卻冷漠地將房門關上、離去，只能望著媽媽的背影不敢哭出聲的自己了嗎？那麼，就試著以不要驚嚇到孩子的方式，輕聲地喚一下他的名字：「○○啊！」然後聽著彼此熾熱的心跳，用力地擁抱對方吧。從來不曾哭出聲的那個孩子，如果能在你的懷裡放聲大哭，光是這樣就足以獲得慰藉了。

「我」是自我的起點，因此從現在開始，要能像大人一樣地戰鬥，像大人一樣地和解，也要像大人一樣能夠重新站起來。如此一來，蜷縮在心中的內在小孩，也會鼓起勇氣向你伸出和解之手。

最後，請你一定要成為一名帥氣的大人。在面對強者時，願你能夠保護弱勢之人、為其發聲，成為一位有能力關懷和照顧弱勢的大人。因為在我們周遭已經有太多與此相反，只為強者辯護、向弱者展示力量的沒出息大人。

Chapter 2

我只是厭倦了存在

feat. 為需要藉口的你準備的心靈處方

美國小說家馬克．吐溫說：「人的生命中有兩個重要的日子：一個是自己的生日，另一個則是知道自己為何誕生在世界上的那天。」

但是，針對「我是誰」這個提問，有多少人能夠自信地回答呢？

身體裡沒有自我，我究竟是誰？

近來最常從人們口中聽到的一句話，就是「我不知道自己為什麼要出生」。因為無論如何宣稱：「你不可能對我造成傷害，我已經下定決心要活得刻薄一點，不會再一廂情願地付出然後又受傷」，精神狀態依舊像玻璃一般脆弱，情況也還是同樣惡劣到了極點。

產業化、技術化、都市化、大量化等，徹底造成了個體的排擠，所有與自身不同的事物都被視為錯誤，和我不站在同一陣線上的人就被看作是敵人。媒體無止境地挑起我們的恐懼，讓人難以有餘裕從其他角度進行思考。強調「消費至上」的社群媒體，不斷地刺激我們著眼在自己缺乏的部分，促使人們購入許多根本不需要的東西。精選商品、熱銷品、必備品等填滿了衣櫃，但為什麼依然感到悵然和空虛呢？到底還要用什麼來填補，才能獲得「啊，這種程度夠了」的滿足感呢？

在這裡！這裡有人！
不對，是「我」在這裡！

「人的生命中有兩個重要的日子：一個是自己的生日，另一個則是知道自己為何誕生在世界上的那天。」這是美國小說家馬克·吐溫（Mark Twain）的經典名句。如果要用心理學的角度來解釋何謂「知道自己為何誕生」，我想應該就是「找到自我認同」的那一天。所謂的自我認同，指的是對於「我是誰」這個課題的整體感受與認知。

針對「我是誰」這個提問，有多少人能夠自信地回答呢？絕大多數的人即使年過四十，仍然認為自己是徬徨徘徊在孩子與大人之間的「成年人」，亦即「我認知到的自己」，所謂的自我認同「勉強算是」成年人。

是不是把「我是誰」這個問題想得太簡單了呢？美國的心理學家愛利克．艾瑞克森（Erik Homburger Erikson）在自己認知到的自我旁邊，另外再並列了一個自我——他人認識的我。所謂「他人認識的我」，是自覺地意識到別人如何看我、如何認可我這個人，在確立自我認同方面是非常關鍵的要素。

舉例來說，作家即使融入自身的靈魂寫成小說，如果沒有人能讀懂，便是失敗的作品；成功的暢銷書即使被拍成電影，如果得不到觀眾的掌聲，也會淪為眾人的笑柄。必須擁有「優秀的小說家」、「出色的電影原著」之類的他人認可，方才得以獲得「人氣小說家」這樣的自我認同感，這並不是只有「我單方面做得好」就可以解決的問題。

我們在社交軟體的「按讚」數上卯足全力的原因也在於此，「這裡！請看一下這裡！我正帥氣、開心地享受生活。這就是我！這就是所謂的我啊！」希望他人肯定光鮮亮麗的自己，這是自我認同感發出的無聲吶喊。

不因他人而崩壞，不因他人而偉大
我要活出自己的人生

我們偶爾會因意想不到的提問，進而確切地掌握到自己現在所處的位置。當然，那樣的過程並不是非常愉快。

「你說你念的是什麼學校？」

「對於就業方向有計畫嗎？」

「有交往的對象嗎？對方是做什麼工作的呢？」

「上次聽你說要結婚，新房在哪裡？最近很多人都是先從三十坪左右的公寓開始的。」

這些話之所以讓人感到不舒服，就在於對話內容並不只是閒聊近況，而是直搗自我認同感的核心。因此，如若不能針對這些提問給出適當的回答，不僅會感受到驚慌與不悅，嚴重時還會陷入羞恥與自責的泥淖。此外，我們在無意識中清楚地知曉，對方感到好奇的究竟是我的近況，或者只是想利用我的現況當作墊腳石來檢視自己的優勢。每當遇到刻意拋出這種問題的人時，自我認同感

就會粉碎殆盡，自尊心也會受到嚴重的傷害。

小說家金薰曾在一場採訪中說過這樣的話：「我不會因為你們這些傢伙的謾罵就崩壞，也不會因為你們的稱讚就變得偉大，所以隨你們想說什麼就說什麼吧！我不會因為你們而崩壞或偉大，我要活出自己的人生！」讀完這段話之後，我不禁再三地感嘆，感受到的衝擊力之強，讓我有好一陣子都覺得這段話像魔法咒語一般，是為了那些努力塑造健康的自我認同之人所施展。

每當我的自尊心受到動搖時，就會想起金薰作家說的這番話。然而，今天的我依舊因為他人的認可而感覺自己變得偉大，也因為他人拋出的一句惡言惡語而差點屈服。有時我會這麼想，強迫自己要從他人的視線中擺脫，似乎反倒讓自己變得更加在乎外界的眼光。

被人生製造的矛盾困住的人們

有些人因為害怕再次陷入愛情，畏懼重新開始，於是在簡陋的心門上緊緊地鎖上門閂，躲進只有自己一個人的世界裡。有些人因為沒有像禿鷹一般鋒利的爪子，也沒有像獵豹一樣驚人的速度，於是早早地就從競爭中放棄。如同在入場時間結束後才抵達遊樂園的孩子一般，像獨自站在末班車早已駛離的公車站一樣，一方面對人生形成的矛盾感到憤怒，一方面也在這種孤獨感中變得堅強，安慰自己就算形單影隻也無所謂，類似這樣的人多不勝數。

然而，其實他們比任何人都還要嚮往、渴望門外的世界，並期盼自己可以屹立於世界舞台的中心。他們希望將自己如同褪色黑白照片般的模糊存在感，變得像彩色照片一般鮮明。

為此，必須找到「我是誰」這個問題的答案，而若想找到解答，就必須打開自己緊鎖的心門，走向外面的世界。

能夠由自己親手打開那扇門的日子，或許就是釐清「我為什麼誕生在這個世界上」的那天吧！

「反正做了也不會成功」，總之不會順利的

「我對自己的了解有多少呢？」

這個問題聽起來有點抽象吧？那麼試著換個說法：

「覺得自己的優點和缺點是什麼呢？」

很像面試時經常聽到的考題嗎？我在診療室裡向來談者提出這個問題時，大部分的人都會陷入猶豫。能夠條理分明地講述自身優缺點的人，大概只有不到三、四名。

雖然不是像「後疫情時代，應該如何擬定投資戰略」這樣巨大的命題，但仍有些人直到離開診療室之前都答不出來。

為什麼面對這麼簡單的問題，卻無法輕易開口作答呢？「診療室」這樣的空間固然具有其特殊性，但最主要的原因，還是人們對於自己不曾深入地思考過。把握自身的優缺點，就像是在了解「我」這個人的個別性，而所謂的「個別性」，指的就是人或事物各自擁有的特性。

認識自己的個性

在大眾性和多樣性成為絕對標準的世界裡，如果個別性和固有性遭到犧牲，最終就會發現自己空蕩蕩的，沒有「自我」而只留下「他人」。就算人生無法如餃子一般豐盈充實，至少也不要過得像乾癟的大棗一樣，不是嗎？關於「我對自己的了解有多少」這個提問，只要發掘自身的優缺點就足以做為其根本的解答，同時也是一件相當有意義的事，因為這是讓我們的情緒基礎變得更穩固的第一步。

若仍然無法答出「我對自己的了解有多少」，在本書的第65～66頁有「個性認知」列表提供參考。

只要閱讀左表的內容，圈選出與自己相符的項目即可，但請記得，我們現在不是在解題或找正確答案，不會有人針對結果進行批評或責難。因此，無論是優點或缺點，希望你能將所有符合自己情況的項目圈出來。

在檢視結果之後，有些人會自責地表示：「優點只有八個而已，但缺點卻足足有二十個。」這份列表的製作並不是出於這樣的目的，希望大家根據原本的宗旨，把焦點放在掌握自身的優點和缺點上面。

「○○真的很善良又很有禮貌」、「你到底是像到誰才這樣慢吞吞的」，從他人的評價中認識自我，這樣的事對我們來說並不陌生。雖然我們主要是透過他人來確認自身的存在感，但實際上我們自己也可以擔綱這個角色。

認識我的個性 （圈選與自己個性相符的項目）		
我的優點	**優點和缺點** （可以同時成為優點或缺點）	**我的缺點**
體貼入微	態度堅決	失誤頻繁
主動積極	說話直率	需要收拾的爛攤子很多
嚴謹周全	心腸軟	先發火再說
屬於細心的類型	優柔寡斷	忍氣吞聲
善於傾聽	思考時間過長	以自我為中心思考
有勇氣	以結果為導向	經常自我貶低
說到做到	該說的一定會說	悲觀負面
心胸開闊	憨厚老實	對他人的評價敏感
處事果斷	善於動之以情	無法開口請求支援
幽默詼諧 （親和力高）	懂得多點投資以達成目的	慣於依賴他人
擅長多任務處理	無止境地對他人好	害怕被拒絕
聰明	內向孤僻	獨斷專行
朝氣蓬勃	只做能力範圍內的事	無視創傷
正直	無法不懂裝懂	焦躁不安
正面樂觀	凡事以對方為主思考	易於放棄

認識我的個性 （圈選與自己個性相符的項目）		
我的優點	**優點和缺點** （可以同時成為優點或缺點）	**我的缺點**
能屈能伸	善於察言觀色	討厭努力
有韌性	個人主義	嫉妒心強
親和力十足	情感豐富	依賴性強
手巧	愛恨分明	對遠大的目標感到負擔
有領導力	經常做為中間橋梁	容易緊張
說話動聽	多才多藝	對於損失相當敏感
目標明確	不愛表現自己	個性衝動
計畫周詳	習慣固定的角色	經常歸咎於他人
對於情感的自制力高	不管別人怎麼說	無法接受被拒絕
言語與情感一致	把錯歸咎於自己比較舒心	對眼前的事物十分敏感
善於和自己相處	完美主義	內心空虛
喜歡自己	喜歡自己決定的事物	我必須成為主角
擅長自我管理	及時行樂	難以自制
對自己的未來感到好奇	關係當斷則斷	總是想逃避問題
不迴避卸責	易於滿足	經常覺得羞恥
善於分享	對所有人都很熱情	總是覺得倦怠
情緒穩定	勝負欲強	比別人晚一步

反正做了也不會成功

某一天，有位來談者表示自己「一成不變的個性」讓他相當苦惱，周邊的人們形容他「總是沒有變化，一如既往的個性十分無趣」，這樣的評價對他造成了傷害。

人的個性就是如此。「一成不變」如果顯露出正向的一面，就會被評價為「穩重」；若表現出消極的一面，就會聽到類似「無趣」的反饋。

亦即形成了「穩重（正面的解釋）↕一成不變↕無趣（負面的解釋）」這樣的公式。

我向他問道：

「你同意自己被評價為缺乏變通，是一板一眼到讓人鬱悶的人嗎？」

「才不是呢！我遇到頻率相合的人也是很幽默的。但從其他人的角度來看，我應該也有些會讓人感到鬱悶的特質吧，因為我很講求原則。可是『原則』很重要不是嗎？是所有事情的基準。」

在日本作家山崎房一的著作《撫慰心靈的魔法話語》（心がやすらぐ魔法のことば，暫譯）中，曾經提到「對自我而言最可怕的事，就是用他人的眼光來指責自身的缺點，也就是自己否認自己的存在。」幸好，來談者並沒有因為周遭之人指出的缺點而自我否定，他雖然認可他人的指責，但因為該缺點有其存在的理由，所以他並未把「一成不變」看作自己的短處，這也意味著他以相當積極、正向的態度在面對自己的人生。

不過，如果是他人和自己都承認的缺點，當然需要努力進行修正。特別是經常用消極負面的話語，來削減自己和周遭情感能量的人。

曾經有一位來談者，無論我建議他使用哪一種療法，他都會反射性地回答：「反正做了也不會成功。」這樣的情況持續超過一年之後，不知道從什麼時候開始，我也會不自覺地浮現「算了，反正和這個人說什麼都行不通」的想法。

高潛力人才的祕密

俗話說：「唯有相信自己才能實現夢想。」在心理學界也將這種正面積極的呼告看得非常重要。與此相關的實驗非常多，我們就舉其中一個例子來進行分析吧！

哈佛大學的一名心理學教授，帶領實驗團隊前往位於鄉村的一間小學。實驗團隊以該學校的學童們為對象進行了幾項測試，然後交給老師們一份「高潛力人才」名單。實驗團隊囑咐教師們「孩子不知道有這份名單，所以千萬不要公開」，接著便離開了。

幾個月後，實驗團隊再次來到這間學校，以先前參與實驗的孩子們為對象，施行相同的測驗，而呈現出的結果令人十分驚訝：被列在高潛力名單中的學生，實力有了明顯的進步。但事實上，在這份名單中的並非是測驗成績特別優秀的孩子，只是研究團隊隨機挑選出的學生而已。

這個實驗的核心，在於建設性的思考與正面積極的信任。以這層意義來說，最近流行的負面性詞語，多少會讓人心生擔憂。

把一手爛牌打好的力量

魯蛇世代（用來自嘲工作不順的諷刺語）、部長級實習生（在多間公司當過實習生，實習經歷豐富到堪比一間公司的部長）、啃老族（到了三十幾歲也無法獨立，仍然仰賴父母的經濟支援過活）、崩世代（十幾歲的年輕人就必須擔心未來的失業問題）、三一劫（如果到了三十一歲都還無法就業，求職之路形同面臨絕境）等，近年來自我嘲諷、對現實生活陷入悲觀的詞彙，如雨後春筍般湧現。

若打從心底覺得這輩子已然崩壞，那麼不管用什麼靈丹妙藥都不會有效果。在諮商的過程裡，有時候會碰到明明握著一手好牌，卻堅信自己拿到的是爛牌的人。無論眼前擺著多好的籌碼，他們都覺得自己和那些沾不上邊，對不屬於自己的東西（認為那些不會是自己的），連看都不看一眼。他們雖然嘴上說著

「本來就不奢求」，但其實不是沒有奢望，只是連自己想要什麼都不清楚罷了。

這便是缺乏自我意志所招致的悲劇。

別將自己貼上「瑕疵品」標籤

還記得小時候讀過的安徒生童話〈紅鞋〉嗎？

小小年紀就因為意外失去父母的凱倫，被村裡的老婦人收為養女，就此展開了新的人生。某天，她為了準備要穿去教堂的黑皮鞋而前往鞋店，在那裡遇見了命運般的紅鞋。後來，她在教堂的入口處碰到一位老軍人，老軍人看著她的紅鞋，說了一段耐人尋味的話：

「這雙舞鞋真漂亮。舞鞋啊！跳舞時一定要緊緊貼在少女的腳上。」

從那一刻起，凱倫的雙腳變得不聽使喚，開始隨著舞鞋的牽引跳起舞來。被這幅情景嚇到的教會眾人，好不容易才把鞋子從她的腳上脫下來，慌張失措的凱倫決定再也不穿那雙紅鞋了。然而，這股決心撐得並不久，幾天後，凱倫準備去參加派對，最終還是沒能抵擋誘惑，又穿上了那雙有問題的紅鞋。這一次，紅鞋依舊不聽使喚，讓凱倫開始瘋狂地跳起舞來。不知不覺間，凱倫一路轉進充滿荊棘的林間小路，渾身被扎得傷痕累累，仍無法讓舞動的雙腳停下來……

忠於本質

突然想起這個童話，是因為我在諮商室裡又遇見了另一位「凱倫」。事實上，在我的周遭有許多像凱倫一樣的人。

「感覺就好像穿著不合腳的鞋子，茫然地向前奔跑。」

慧敏雖然主張周遭沒有一個人勸自己「把鞋子脫掉休息一下吧」，但其實她自己並不打算把鞋子脫下來。就算腳跟滿是傷痕，連腳趾甲都掉了，只要能夠在公司獲得認可，她就還是會義無反顧地往前奔。難怪連上司也對她提出忠告，勸慧敏「把精力集中在自己的本質上」。

慧敏將與自己同期進公司的同事看作最大的競爭對手，因此，在對方升任組長之後，她便感到無比的挫折。事實上，從經歷、領導能力或業績成效等方面客觀地評估，同事獲得升遷相當合理，但慧敏依舊不斷強調自己有多委屈：每天最早到公司且最晚下班（未意識到自己上班時有一半的時間都在逛網購）、絕對不缺席公司的聚餐（認為社會生活講求人脈，完全不介意重要的業務工作因此延誤）、擔任組長的左右手幫忙處理事務等等。

「辛苦了半天，到頭來卻以失敗收場，那我真的不想再努力了。如果每次都是這種模式，以後的情況不也顯而易見嗎？」

對現在的慧敏來說，她欠缺的不是加班或聚餐，而是經驗與實力。

在看不清未來的時候，能做的就是走好當下的路

試著再回想一下前面提到的安徒生童話〈紅鞋〉，沒得選擇、一定要穿黑色皮鞋前往教會的凱倫是「現實我」（actual self），即使每次都會陷入危機，也仍然想穿紅鞋的凱倫可以稱為「理想我」（ideal self）。這兩者間的差距如果擴大，因「自我分歧」（self-discrepancy）所產生的失落感就會讓人落於倦怠。「自我分歧」指的是認知到現實我和理想我之間的差異程度。

貓咪如果當自己是獅子或老虎，把水牛視為獵物的話會怎麼樣呢？不將精力放在符合自身獵捕能力的老鼠和鳥類等小動物身上，那麼最終就會因為水牛的攻擊而慘遭致命傷，或者只能活活餓死。

就像這樣，現實我與理想我的落差愈大，所能獲得的（自我）滿足感就會隨之降低。

慧敏也是屬於現實我與理想我之間差異較大的類型，而令人意外的是，有許多人都曾經歷過這種「自我分歧」。想穿上漂亮的舞鞋帥氣地跳支舞，獲得眾人的掌聲和歡呼，但現實中的自己，既沒有能夠穿上舞台的服裝和鞋子，也不處於那樣的位置。沒有華麗的燈光，只有空虛感和失落感緊緊包圍著自己。

如果想從這樣的局勢中擺脫，務必謹記下列三個方法。

首先，應該要懂得「體認」，意即認清當下的失敗並非滿盤皆輸，或者完全沒有機會挽回。在準備了很久的考試中落榜，或是沒能進到自己想要的職場時，面臨這樣的狀況，無論情緒多穩定的人都會變得敏感。不是被強迫而非做不可，而是自己真的想做卻做不到、想擁有的東西無法到手，這種時候感受到的挫折，很難用言語表達出來。在上述的情況裡，根本不可能做出客觀的判斷，就如同某首歌詞中所描述的一樣，他們會將自己視為輸家、孤獨者、假裝能幹的傻瓜。

「大家都有工作，只有我失業；人人都有車開，只有我沒有。這樣的人生，好像沒什麼理由繼續活下去」，這種想法不僅不合邏輯，而且對人生沒有絲毫助益。倒不如認清自己目前正處於敏感狀態，所以對一點小小的刺激都會過度反應，如此一來，才能對釐清眼前狀況更有幫助。

第二，不要將自己貼上「不良品」標籤。被稱為「貼標籤」的社會汙名（Social stigma），意思是因為偏見或錯誤的刻板印象而被貼標籤的人，往往就會真的隨著社會所強加的汙名行事。若認為一定要留下偉大的成就，才能成為世上不可或缺的人，做不到就是「無用之人」的話，那麼在不知不覺中，內在自我也會淪為凋謝的玫瑰。因此，就算無法讓花朵燦爛盛放，至少也要以創造不錯的人生為目標。唯有這樣，才能讓滋養花朵的土壤不至於感到負擔。

除此之外，更重要的是在現實我和理想我之間，要懂得進行客觀的評價。切勿覺得自己與同年齡或是周遭之人相比好像「一事無成」，然後就開始自暴自棄，應該嘗試把自己到目前為止達成的事逐一條列化。

我〇〇〇，在二〇二〇年〇月從大學畢業了。

我〇〇〇，在二〇二〇年〇月，開始運動滿一個月了。

我〇〇〇，在二〇二〇年〇月，看完了一本書。

我〇〇〇，在二〇二〇年〇月，第十一期定存十萬元。

迪士尼動畫《冰雪奇緣2》（*Frozen II*）曾經出現過這樣的台詞：

「在看不清未來時，能做的就是走好當下的路。」

如果覺得自己什麼事都做不到，就試試看把自己擁有的東西和單純的例行公事列下來。製作一張「doing good list」，滿滿地寫下自己今天完成的項目，就算是芝麻蒜皮的小事也無所謂，如此一來，就能領悟到自己不是一事無成或一無所有的人。

切記，千萬別因為「我也不知道自己到底還能怎麼做」就草草結束，而是要創造出足以轉變想法的契機——「沒錯！我只是還沒找到方向而已」。

自我改變的契機

曾經有位來談者長期因倦怠症所苦，就像遇難後沉入深海裡的船隻，她足足有四年都將自己禁錮在名為「時間」的牢籠裡。某天，女子看見放在客廳角落裡的一團毛線，在那瞬間，她突然浮現「是時候該織條圍巾了」的念頭。那是被大海淹沒的遇難船隻，第一次有陽光照射進來。

就算別人不了解，但自己很清楚自身的狀況。就像穿上紅鞋的凱倫一樣，這段期間究竟跑了有多遠？不僅凡事親力親為，為了在各種聚會上露臉培養人脈，一路走來不曉得看盡多少人的臉色。

如果現在仍然不知道應該做些什麼，就試著感覺一下自己不斷眨動的眼皮，把注意力集中在微微挪動的手指和腳趾上吧；想想為了厭世倦怠的你，心臟二十四小時不停跳動的辛苦吧。凝視著世界的瞳孔、嗅聞味道的鼻子、品嚐味道的舌頭、手指和腳趾、脖子和膝蓋等，徹徹底底地感受一下身體的動作。

除此之外，把起床、吃飯、打掃的時間定下來，養成配合計畫執行的習慣。

從生活最基本的地方開始整頓，日子才會變得井然有序。

在遇難沉沒的船隻裡，其實藏有非常多的寶物。

自尊心，那該死的自尊心

自尊心到底是什麼？說實在的，我也對這個主題感到厭煩，但我會再次提起的理由只有一個——自尊心是「足以抵禦創傷的結實心靈肌肉」。通常自尊心被定義為「對自己懷抱的正向信念程度」，而所謂的正向信念，指的就是結實的心靈肌肉。

直到幾年前，到精神科就診的，經常不是真正應該來的情緒加害者，反倒是被害人為了尋找喘息空間而前來報到。但是，最近的情況逐漸產生變化，為了鍛鍊心靈肌肉而主動踏進診療室大門的人，呈現不斷增加的趨勢。

對四十歲以上的人來說，比起去掀開傷口，他們更傾向於尋找忍受和堅持的方法；相反的，二十歲、三十歲的新世代，似乎較積極地尋求抵擋創傷的方式。近來也與以往的情況不同，過去大部分是二十多歲的年輕人被父母勉強拖來診療室，如今則是二十多歲的孩子們，主動地陪父母前來接受諮商。

偶爾談到這個話題時，會有人質疑：「為什麼現在二十多歲的年輕人，罹患憂鬱症的比例那麼高？」其實，這只是因為他們比起其他年齡層，「接受診斷的次數」多才產生的現象。

自我懲罰的心理學

當然，這並不代表韓國二十多歲的年輕人全都很健康。每當提到自尊心這個主題，我總會想起前來接受諮商的一位女性——不久前剛成功就業的二十七歲宣美。

相較於自我保護的意志，宣美進行自我懲罰的意志要更強，這點令人感到費解。在身處困境時，她不是挺身保護自己，而是更忙於自我指責，已經習慣成為執法者對自己施加懲罰，是相當破壞自我的行為。自我破壞（self destructive behavior）的行為大致可分為兩種類型：主動性破壞和被動性破壞。前者會以自殘、酗酒、酒駕、無節制的性生活、過度服用安眠藥或減肥藥等，對身體進行直接性的殘害；後者則是會在重要考試的前一天分心做其他事，或者在面試想進的公司時遲到等等，以諸如此類的方式對自身造成傷害，在無意識中做出對自己不利的行為。宣美可以說是屬於被動性自我破壞，當聽到我說必須培養足以保護自己的力量時，她搖搖頭回答道：

「不，醫生，我沒有資格受到保護。」

就算是犯下殺人罪的犯人，也會對自己充滿憐憫之情，即使那些卑鄙的自我辯解與自我合理化讓人氣得牙癢癢，但他們在拯救自己方面卻毫不猶豫。

然而，在宣美的身上完全看不到這種欲望，她所保有的只剩下對自己進行懲罰的意志。她從小就把自己放在「別人的監督」之下，只在不影響他人心情的許可範圍內行動。每次只要有什麼事發生，她都會因為「我就是個沒用的存在」、「我只會給別人帶來麻煩」、「是該被罵」等想法，而無法好好地為自己辯解。面對他人如箭雨般落下的責難，她一直以來都概括承受。

正要綻放人生璀璨的年輕孩子，為什麼會陷入這種扭曲的思想和錯覺之中呢？如果要用一句話來總結，就是起因於「比較」心態。宣美的母親和相差兩歲的姊姊天生就很纖瘦，這一輩子體重從來沒有超過五十三公斤，但一出生就有點嬰兒肥的宣美，不管怎麼努力都無法像媽媽和姊姊那樣擁有窈窕的體態。從年幼時期開始，宣美就會不自覺地拿自己和姊姊比較，認為自己是不受媽媽寵愛的女兒。彷彿從出生開始就帶有某種缺陷，這樣的潛意識讓宣美落入了「互相比較」的陷阱裡。

最終，宣美將自己定義為「長得醜的人」、「因為不懂得寬厚溫和，而難以與人和諧相處」、「沒有資格被愛的人」。

宣美的這種想法是不正確的，如果真的對自己的行為不滿意，想要施予懲罰的話，也應該要改變處罰的方式。不能放任自己毀掉人生，而是要養成有計畫的生活習慣，避免自己反覆犯下相同的錯誤，一味地自我破壞，實際上解決不了任何問題。

外部自尊&內部自尊

自我認同感是透過「我看到的自己」與「他人眼中的我」所形成，自尊感也是同樣的道理。美國心理學家亞伯拉罕・馬斯洛（Abraham H. Maslow），將自尊感分為內部自尊與外部自尊：內部自尊指的是珍視自我的信念，而外部自尊則取決於自己對他人的重要程度。因此，最終自尊感是由「自我肯定的信念」，以及「他人對我的印象與看法」兩者結合而成。

舉個例子來做說明吧，假設時隔很久才換了一個新髮型，難得對自己的造型很滿意，臉上盡是藏不住的笑意，但是卻突然有人說：「頭髮怎麼剪成那樣？以前的造型還比較好看……」，那麼心情一定會瞬間盪到谷底。至目前為止覺得相當順眼的髮型，忽然變得好像只會突顯出臉型的缺點。

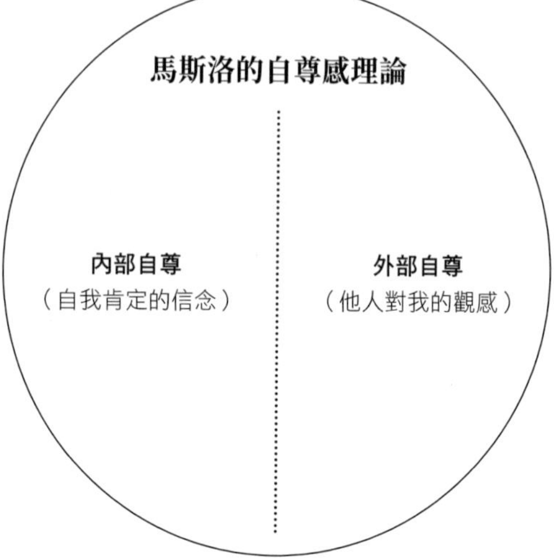

試著想像一下，一個從小聽著「真漂亮」、「做得好」等讚美與鼓勵之詞長大的孩子，與一個從小聽著「你能做的也就那樣」、「真是沒用的人」等批評和指責長大的孩子，當然前者會形成較健康的外部自尊，而後者的外部自尊不僅傷痕累累，甚至還到了岌岌可危的程度。自尊感也要有能夠汲取的養分才得以成長茁壯，若身邊沒有一個人對自己抱有希望或期待，那麼要如何獲得前進的動力，又要以什麼來激勵自己呢？

完成簡易的目標以體驗成就感、透過正確的自我認知以培養自我信任、找出隱藏的優點以提升自我效能（self-efficacy），迄今為止，我們一直聽到要用這些方法來建立自尊感。但是，如果用盡了這些方法，卻依然為低自尊而苦惱的話，那麼比起培養內部自尊，更應該謀求提高外部自尊的方法。

成為自己的救援者

提高外部自尊最好的方法就是「改變環境」，踏訪美術館、圖書館、博覽會、公園等平時較少前往的地方，欣賞一場表演或是聆聽演講、參加讀書會等等，認識新朋友會對提高自尊感產生幫助。

這樣一次、兩次地參加聚會，自然而然就會與人們變得親近，這時候，請從新結交的朋友口中聽聽他們對我的評價：「有可愛的一面」、「感覺對每件事都很慎重」、「耳環真漂亮」、「專注力很高」等，不管是什麼樣的評語都很好，隨著這些具有意義的話層層累積，對於恢復外部自尊感相當有益。

其實，過去的宣美總是因為自己沒有雙眼皮而感到自卑，直到在聚會上聽到他人稱讚：「擁有像滑冰選手金妍兒一樣魅力十足的眼睛」，才開始意識到自己的眼睛沒有想像中那麼不好看，而這也代表宣美防禦創傷的心靈肌肉正逐漸變得結實。

歸根究柢，自尊感就是對自己有利的事物進行選擇與取捨的力量，做出愈多好的選擇，生活就會變得愈加健康。希望我們都不是為自己判刑的執法者，而是能夠拯救自我的救援隊。

我的救援者，正是我自己。

「自尊穩定性」，特別的自我盤點時間

雖然自尊感過低需要被正視，但相對地自尊感太高，有時候也會成為問題。自尊感過高的人，會認為自己是非常特別、珍貴且具有價值的人，覺得自己應該像女王或是大企業的董事長一樣被服侍，如果對方不能滿足自己的這種期待，就會立刻爆發出攻擊性。在他們生活的世界裡，不存在他人的觀點，只有我的想法、感受和要求而已，因為比起獲得對方的尊重，他們更在意的是解決自己的欲望。「你真的愛我嗎？」、「真的愛我的話，怎麼會這麼做呢？」會產生這些嘶吼的原因，大部分也來自於此。

東西被朋友搶走的心情

敏京因為好友A和自己在同一間購物中心買衣服，就指控對方是「學人精」，她說看到A穿著自己早已看中的連身裙出現在聚會上時，心中升起難以忍受的憤怒。

「感覺她搶走了我的東西。」

敏京怒氣沖沖，讓人聽了還以為是A搶走了她穿的衣服。後來，敏京開始在一起出入的朋友之間將A抹黑成學人精，以此進行報復。此外，敏京還造謠表示A不知道以後還會模仿什麼，跟她在一起的話很不安，煽動眾人排擠她。

「醫生，不管怎樣，A好像都太沒有自尊心了。如果是我的話，因為太傷自尊了，所以絕對不會買那件衣服。」

會說出類似這種話的人，其實不只有敏京一個。最近意外地有很多人會用「太沒有自尊心了」來攻擊他人。就算是精神科醫師，也不會隨便議論來談者的自尊心，但如今卻有非常多的人以自己的標準來判斷他人的自尊感。「不知道是不是因為家境貧窮，所以他沒什麼自尊心」、「應該是因為身材肥胖，所以對每件事都有負面的想法，自尊心低落」，許多人會用類似的方式，將對方的不足之處與自尊心綑綁在一起，進而貶低對方的價值，這是我們必須加以警惕的錯誤態度。

自尊心的總值隨時都在變化，絕對無法永遠維持在一定水準。雖然很難將自尊心量化，但為了舉例說明，暫且先以一百當作基礎設定。

假設我擁有一百分的自尊心，但如果因為他人而受傷，或者對自己珍視之人造成傷害、犯下難以承擔的錯誤、得不到自己想要的東西等等，自尊心就會降到一百分以下。相反的，如果聽到讚美、天降好運、提出成果並達成目標的話，自尊心就會爬升到一百分以上。

因此，比起自尊心，最近在精神醫學界更加重視「自尊穩定性」。

「我的自尊穩定性好像有些波動」

自尊心與自尊穩定性，乍看之下似乎沒什麼分別，但其實是截然不同的概念，就像「年薪高」和「經濟穩定」不是同義詞一樣。如果說自尊心是自己或他人所認定的「我的價值」，那麼自尊穩定性指的就是在短期間內「自尊心的變動幅度」。

舉例來說，假設某個人現在正準備踏入職場生活，從鄉下到都市來的他，目前在鄰近公司的區域尋找商住兩用房。雖然過去就曾聽說首爾的房價非常高，已經做好某種程度的心理準備，但現實情況卻不那麼樂觀，以自己所準備的押金，能租到一間小套房就算慶幸了。在這種時候，大部分的人都會感受到自尊心下降，無論是自尊心多麼強的人，在遇到動搖自己本質的刺激時，都不可能絲毫不受影響。

原本強烈的自尊心暫時受挫，就可以說那個人的自尊心整體下降了嗎？當然不是。因此，「自尊穩定性」的概念也就隨之誕生。

就像一天會有好幾次漲跌變動的股市曲線，自尊心也會在一日之內反覆地起起落落數十次。讓我們再進一步分析前面提到的那位尋找套房的人吧！因為確認了理想和現實之間的差距，所以他的自尊心會暫時地下降，但是，當天晚上他和朋友們見面，一邊喝燒酒一邊談到自己參觀過的房子時，情況又瞬間變得不同了。如果是健康的人，自尊心大概已恢復到平時的狀態。

「雖然距離公司有點遠，但我找到了和我的條件相符的乾淨房子。房子是屋塔房[5]，不過反正我本來就很嚮往屋頂平台，也算是得償所願了！我會把房子裝飾得很漂亮，今年夏天大家一起來我家烤肉吧！」

如果想讓「自尊穩定性」維持平衡，最重要的莫過於提升自尊心的預設值（default value，基礎數值），因為比起自尊心一百分的人，兩百、三百分的人，自尊心的變動幅度相對較小。試想，擁有一億元資金和擁有一百萬資金的人，

5 為韓國人對一種閣樓的稱呼，意指位於房屋最高的那一層，而且在天台上，是一種簡陋的閣樓。

兩者誰在心理上會比較從容呢？答案當然是前者。因此，許多心理學家都建議不要在自尊感的問題上糾結，與其把焦點放在一天會起伏多次的自尊心上，不如思考一下該如何提高自尊穩定性，這才是更加明智的態度。

為了達成目標，首先我們必須改變自己使用的詞彙。從現在開始，不要說「啊！我的自尊心真是跌到谷底了」，改用「我的自尊穩定性好像有些波動」來取代吧！

人生沒有無用的經驗

曾經有位來談者因為父親生意失敗，從二十幾歲開始到將近四十歲，足足有十二年的時間處於信用不良狀態。利用個人信用恢復機制清償貸款後，她露出笑容表示：「現在我也可以辦信用卡了。」這位女性是我遇見的人當中，自尊穩定性最高的一位，那股靠自己突破困境的力量就彷如利息一般，化為「自我信賴」重新回到她身上。

「人生沒有無用的經驗」，這句話我不厭其煩地對許多人提過。不管是高興的事還是辛苦的事，從人的一輩子來看都不過是一小塊泥土罷了。現在籠罩著我們的困境，或是眼前讓人瘋狂的幸福，都只不過是生命裡一小塊泥土。而要想將這一小塊泥土堆疊成山，唯一的方法就是不論風吹雨淋，或是偶爾遇到讓自己踉蹌的颱風，都要能一步步走回自己原本的位置。

沒有被解決的情感不會自動消逝

珉貞的身高一百六十公分，而媽媽則是一百七十一公分。和樸素的女兒不同，珉貞媽媽偏好華麗的風格，是喜歡眾人把焦點集中在自己身上的類型。平時有不少人會將珉貞媽媽誤認為是她的姊姊，某天她們一起出門時，也遇到了相同的情況。

珉貞為了去買幾天前看中的風衣外套，順道前往了服飾店，當她穿上風衣站在鏡子前細細打量自己時，突然發現店內所有人都把視線投向她的母親——穿著和珉貞一模一樣的風衣外套站在她旁邊。

看到五十幾歲的珉貞媽媽完美地展現M尺寸的衣服，大家此起彼落地驚呼：「媽媽比女兒更適合這件外套，好像模特兒喔！」在眾人的追捧下，珉貞媽媽最後買了和女兒一模一樣的風衣外套。就連和男朋友在一起也沒有穿過情侶裝，沒想到卻和媽媽先穿了一樣的衣服。

這是發生在三年前的事。

三年來都無法穿上風衣的理由

不久前，珉貞把足足塵封三年的那件風衣外套拿出來，穿著前往參加朋友們的聚會。看到穿著風衣的珉貞，朋友們紛紛惡作劇地調侃道：「個子看起來更矮了呢！」、「應該拖著掃街了吧……」、「借媽媽的衣服穿出來嗎？」朋友們平時就覺得個子嬌小的珉貞很惹人憐愛，經常拿她的身高開玩笑。

然而，那天珉貞的心情卻五味雜陳。和平時不一樣，朋友們的話聽起來不像是玩笑。結果珉貞對朋友們發了脾氣，不知道是不是因為外套的關係，那天的聚會在尷尬的氣氛中畫下句點。

「喜歡我的話，為什麼對我說那樣的話呢？因為心情被搞得很差，所以就對朋友們發了脾氣。但冷靜下來仔細想想，其實那些話我是想對三年前起鬨說『媽媽穿起來比較好看』的人說的。」

珉貞沒料到三年前的事，竟會留下如此長久的創傷。然而，她在朋友聚會當天所感受到的不悅，並非是三年前的那股不愉快，而是當時沒能化解自己情緒所產生的問題。否則的話，珉貞不會把那件風衣外套棄置在衣櫃裡長達三年。對朋友發脾氣也是基於同樣的理由，因為珉貞在情感自尊心上受到了傷害。

提到自尊心的話，經常會只想到一種類型，其實並不然。關係自尊心、外貌自尊心、風格自尊心、情感自尊心等，在各個領域都可以冠上自尊心這個名稱。如果各領域的自尊心都可以大致獲得滿足，就會建立起「我是個還不錯的人」的信念。但是，對於在各方面都還充滿不安的二十多歲年輕人來說，具備這種整體的自尊感並不容易。

為什麼現在又重提舊事呢？

與年齡沒有絕對關係，如果想要擁有良好的情感自尊心，就必須經歷接下來談到的四個階段：第一，不為情感添加時態；第二，完整接納自己所有情緒；第三，整理未能獲得消解的情感；第四，練習表達情感。首先，就讓我們來看看第一階段「不為情感添加時態」的方法吧！

在珉貞身上，我們可以看到許多人都會有的錯誤習慣，那就是為情感添加了時態。珉貞表示她不懂自己為何現在又重提三年前發生的事，明明沒什麼大不了，但自己卻表現得過度敏感，甚至因此陷入自責。

孩子在年幼時期因為母親的話而受創，長大成人後如果再次提起當年的事件，大部分的母親都會回答道：「我不太記得了」、「不就是未經思考講出來的話嗎」、「又不是什麼重要的事，還一直記到現在」。

在職場上也一樣。曾經有位來談者，對總是把過錯推給自己的組長感到十分厭煩，最後他和組長大吵了一架。沒想到，對方不僅沒有道歉，還質問他「為什麼現在又舊事重提」，反而把他看作是「愛記仇的人」。

「過去的事就埋藏在過去」、「不要自討苦吃」、「應該把心思放在未來要走的路上」，一直以來，我們都生活在這樣不成文的規定裡，導致有愈來愈多人認定是自己太過敏感才會被過去綁住，並且為自己貼上「消極負面」的標籤。

在海裡游泳時，我們無法掌握這片海究竟有多大，必須等回到陸地上之後，才得以看清整片大海的風景。感情的海洋也是相同的道理，無論是誰，在情感爆發的當下，都不可能完全掌握或處理那股情緒，必須等到過了一段時間之後，才能知曉那究竟是什麼樣的情感、為什麼產生，對自己又會造成什麼影響。

從這樣的觀點來看，「將過去的事件（或情感）翻出來的行為」，是件非常普遍且合理的事。因此，如果心中還留有未能消化的情緒，以後試著這樣表達看看吧！不要說「三年前不是發生過那樣的事嗎」，而是「那個問題現在仍有待解決」；不要試圖辯解「那件事不是已經過去了嗎？為什麼現在才拿來做文章」，而是應該回覆對方「原來那件事現在對你來說還是很重要」。

沒有被解決的情感，是不會隨著時間流逝而自動消失的。

曾經有位男性在八歲時經歷了父母離異，小小年紀的他從此懷抱著不安感度日。長大成人之後，他依然會被原因不明的焦慮感折磨，為了克服這股不安的感覺，他甚至選擇了「賽車手」做為職業。然而，因為沒有被解決的情感仍舊存在，他的情感爆發點始終停留在八歲那一年。

在一處情感創傷被完整地治癒之前，就只會不斷地產生新的問題。因此，不應該用「時態」這樣客觀性的條件，來貶低或輕視他人與自己的情感。感情爆發的時機點，永遠是現在進行式。

完成「情緒整理」清單

第二階段，為完整接納自己的情感。如果能確實糾正為情感添加時態的習慣，那麼接下來的步驟，就是好好面對朝自己一湧而上的情緒。只要能適時地察覺受傷的情感，自尊心就得以大幅度地恢復。

我們必須特別留意情感發出「叮咚」聲響，在心門前按下電鈴的那個時間點，就像珉貞因為朋友們的惡作劇，時隔三年才察覺到自己的情感一樣。這時，我們要懂得釐清自身的情感：「原來當時的我留有遺憾」、「雖然嘴上說沒關係，但其實內心早已受了傷」。如同孩子們總是想獲得媽媽認可，情感也會希望能被自己的主人承認。

如果不想忽略自己曾經感受到或正在經歷的情感，填寫「情緒整理清單」是一個很好的方式。詳細的執行方法如左頁下表：

無論是好的情緒或壞的情緒，只要升起某種特定情感，就將當天引發情緒的狀況或事件記載在「Do List」欄位裡。接著，把心中第一時間湧上來的情感寫在「Emotion」欄位，並在「S-Day」欄位裡記下情感發生的時間點，如果想不起來的話，可以暫時略過也無妨。因為察覺情感的時間點更加重要，所以與此相關的內容，請記在「R-Day」的欄位裡。接下來，如果自己判斷該情感已經完全獲得解決，就在欄位中畫○；如果解決了一半，就填上△；完全沒有獲得解決的話，就以×做標記。在這裡最重要的部分，就是以×標記出來的「未能獲得解決的情感」。

將埋藏的情感獨立出來

第三階段，是找出未能解決的情感並加以面對。每個人「情感脆弱的部分」都不一樣，而這個部分經常會成為未能解決的情感，就此被遺留下來。例如有「聖母情結」的人，尤其容易感受到罪惡感及愧疚感；而自尊心強的人，則容易升起羞恥心與侮辱

情緒整理清單

No	Do List	Emotion	S-Day	R-Day	○、△、×
1	風衣外套事件	不悅、侮辱感	3 年前	3 年後	×
2					
3					
4					
5					
6					

感。因此，陷入聖母情結裡的女性，經常會覺得自己像個罪人，而自尊心強的人，總是認為自己應該像資方一樣受到禮遇。

讓我們來分析看看唯獨對母親特別敏感的珉貞吧。當時珉貞的情緒無法被消化的原因，在於各種情感瞬間一起湧了上來。簡單地整理如下：

- **對母親的愧疚感：**如果對媽媽的稱讚全部轉向自己，媽媽將會變得很沒面子，為此而感到抱歉。
- **自己所感受到的不悅：**因為成為媽媽的陪襯品而不知所措。

對母親的愧疚感以及自己所感受到的不悅，三年前的珉貞在必須從兩者之間做出選擇時，優先處理了前者的情感。「處事時應該不要讓自己對母親懷有愧疚」，這樣的想法導致她迴避了自己的創傷，而就此被棄置不管的不悅情緒，在不知不覺間成為更具殺傷力的憤怒，最終演變成對自己的朋友們做出攻擊。

現在，對珉貞而言最首要的任務，就是將自己的情感獨立出來。應該把母親的情感和自身的情感分開，比起顧慮媽媽是否受創，更應該著手進行的是撫慰自身的傷痛。如同管仲曾言：「倉廩實而知禮節，衣食足而知榮辱。」唯有先好好地處理自己的感情，才能夠正確地解讀他人的情緒。

為了幫助珉貞徹底進行情緒管理，我建議她填寫「未解決的情緒記錄表」。參照下面的範例就可以得知，首先，要把自己未能獲得解決的情緒類別寫下來，然後計算一下這份情感已經累積了多久。接著，仔細觀察後很可能會發現：「這份情感居然已經

未解決的情緒記錄表	
情緒	不悅
累計時間	已持續三年未能解決
事件	風衣外套事件（百貨公司、與朋友的爭執）
行動	1. 向朋友們道歉 2. 不和媽媽而是和朋友們一起逛街 3. 把風衣外套穿出門

悶了五年？有必要拖到五年這麼長的時間嗎？」、「已經超過十年了呢，是時候該放下了吧！」就像這樣，情感的累計時間也會成為情緒整理的標準。

透過「未解決的情緒記錄表」，我們可以進一步確認自己未能消化的情緒，並整理出改善的方向。如此一來，「我沒有被情感淹沒，還擁有足以控制情緒的能力」之類的正向信念也會油然而生，這就是我們所應該追求的情感自尊。

我的情感表現方式

提高情感自尊心的最後一個階段，就是「情感表現」。而令人意外的是，有很多人都無法適當表達自己的情緒，甚至對自己的情感採取隨便的態度，這些都是非常危險的行為。

長期研究情感與行為關係的腦科學家們，發現「情感會決定行動的方向」。長期累積下來的情緒與行動，也會使人們對於某件事產生「固定的態度」。

從諮商經驗中可以發現：許多人會因為心情而影響行動、話語，或是想法。

這種現象換句話說，就是情感會化為行動、付諸言語，也會演變成思想。

將情感反應在行動上是小孩子才有的行為，且這樣的態度經常會造成損失，不過我也曾經有過那樣的時期。在開業之初，因為我的個性原本就很急躁，對於進度落後的事完全無法耐心等待。如果有什麼需要，我會立刻打電話要求對方提供；若是對結果感到不滿，我也會馬上發脾氣，因此做出不少輕率的行為。我花了很長的時間，才領悟到在社會生活裡沒有什麼是「理所當然」，是我將自己的「個人情感」強加在對方身上。

如果不想犯下這樣的失誤，最好檢視一下自我情感的表現方式。

情感表現方式檢核表的使用方式如下：選出今天一整天折磨著自己或是讓自己覺得幸福的情緒，接著從1～5之中，圈選出感受到的情緒強度。如果憤怒的情緒是5，而不安、羞恥、憂鬱、無力、悲傷、開心等都在3以下的話，那麼當天的代表性情緒即為「憤怒」。

自我情感表現方式（1day）

情緒	強度	表現方法	引發情緒的狀況
憤怒	1 2 3 4 5	要求對方提供	進度延遲的時候
不安	1 2 3 4 5	變得多話	展開心理戰的時候
羞恥	1 2 3 4 5	拚命忍耐	被小看的時候
憂鬱	1 2 3 4 5	暴飲暴食	和媽媽吵架的時候
無力	1 2 3 4 5	一直睡覺	覺得沒有希望的時候
開心	1 2 3 4 5	一個人跳舞	達成目標的時候
當日代表情緒：等級 5 的憤怒			

接下來，回想一下自己是如何表現情緒的，例如在感到憤怒時，是否會變得畏縮和逃避，會不會因為情緒爆炸而遷怒不相關的人等等。大部分的情感都是在無意識中表現出來的，因此，一定要檢視看看自己的情緒表達是否適當。

你值得擁有幸福

曾經有位來談者形容自己是「很能忍氣吞聲」的類型，雖然嘴上這麼說，但是只要看他的表情和肢體動作，馬上就可以得知他正在生氣。即使不刻意強調「我很火大」，也能夠讓身邊的人迅速察覺並看他的臉色做事。

如果不清楚自己平常是怎麼表達情緒的，向周邊的人詢問也是一個很好的方法。「你怎麼知道我覺得焦慮？」、「我生氣的時候會變成什麼表情？」詢問完後，再把結果整理、記錄下來即可。

到目前為止，提到的大多是和負面情緒相關的內容，不過，我們也不能忽視快樂或幸福等正面情緒。奇怪的是，有許多人即使處於幸福的瞬間，也會不斷想起自身的不幸，以致於無法享受愉悅的情感。「我沒有幸福的資格」、「不知道什麼時候又會倒楣」，他們用類似的方式自我貶低，剝奪自己獲得幸福的權利。就像某句話所形容的：他們對幸福感到陌生與尷尬。

俗話說：「進食也是一種運動。」情感也是相同的道理。從感受一連串的情緒到表達出來，也可稱之為情感的活動。愈擅長掌握情感活動的人，情感自尊心也會顯得愈高。

Chapter 3

想拿別人的人生當賭注，就要把自己的人生也押進去

feat. 為需要成長的你準備的心靈處方

世界上最難應對、也最難釐清關係的對象正是我自己，沒有什麼比自己的心還要難以控制。當蠶食自己的負面想法無止境地浮現時，無論如何都要盡力從那樣的狀態裡逃脫。此時，最重要的就是「覺察」——讓自己所有的判斷停止運轉，原原本本地接納內心狀態，並且加以觀察。

被孤立的王，也不過就是個平凡人

「從我十九歲那年的十一月開始，在社會上的身分就被歸入了『其他』。」

第一次聽到尚民的故事時，因為不知道他所謂的「其他」究竟是什麼意思，我歪著頭表示不解。但是過沒多久，我就再一次深刻地感受到，我們的社會用「基本」這樣的框架，將多少人排除在體制之外。

尚民所說的十一月，是韓國舉行大學入學考試的日子。在全國都為了考生而躁動不安的那天，尚民選擇踏上了「非主流的人生道路」——從高職畢業後直

接投入就業戰場。

在朋友們忙於準備多益考試的期間，他取得了工作所需的實務資格證照；在同儕們都窩在圖書館忙於取得學分時，他累積了不少的工作經驗。

「朋友們現在正要從大學畢業，但我踏進社會生活已經第六年了。」

對我來說平凡的日常，對某人而言卻是遙不可及的夢想

然而，每次被問到「尚民你是哪一年畢業的」，他依舊會有心臟遭受重擊的感覺。如果回答自己是「高職畢業」，大家就會突然陷入一陣沉默，提問的人也會急忙轉移話題。但是在那一瞬間，尚民反而會更加受傷，因為那就相當於「原來你沒有認證標章」、「原來你不是正品」、「原來你不符合標準」，這樣的事實又再次被確認。

對他人來說不痛不癢的提問，卻間接證實了自己活得十分寒酸，尚民形容自

己就像是「含量未達標準」的人。面對這樣的他，我不敢輕易給出任何安慰。

尚民現在完全是自己一個人，不，應該用「被孤立」這樣的表現更為精確。折磨著他的孤立感大致可分為兩種類型：自發性孤立與社會性孤立。

首先，自發性孤立指的是為了追求某件事而自己主動閉關，或者集中在某件事物上而與人群疏遠時，必然會伴隨產生的孤獨感。相反的，社會性孤立指的是在非自願的情況下，單方面受到排擠時所產生的情緒，例如在與群體分開時會感受到的疏離、孤獨、空虛、被剝奪、不安等情感。

如果說自發性孤立是出於個人意願，那麼社會性孤立就比較接近於社會系統的問題，因為是個人之力難以解決的社會結構弊病所引發，所以也找不到合適的解決方法。

不動產大戶、股市大亨、社群領袖等，這個世界充滿了炫耀奢華生活的網紅，而貧困的人好像一定得要解釋自己為什麼無法透過 YouTube 賺錢，為什麼沒辦法投資房地產等，為此倍受壓迫。事實上，我在診療室遇見的人當中，有很多的人都花了大半時間在解釋自己為什麼不能翻身。

運氣好碰見了有能力的父母，得以一路順遂且專心於學業的人常會這麼說：

「我也沒什麼特別的，只是一直念書而已。朋友們總說我含著金湯匙出生，聽了心情很差。」

然而，他們口中那理所當然的「念書」，其實是很多人無法輕易擁有的。

舉例來說，在經濟富裕的家庭裡，如果子女書讀得不好，父母就會聘請家教、送孩子去補習班或出國留學等，以類似的方式給予後援。而條件較為普通的家庭，同樣也會為了孩子的學業窮極餘力，只不過在方法上存有很大的差異。在一般的家庭裡，父母為了賺取孩子的補習費，紛紛成為雙薪家庭，而與父母晚歸的時間成正比，孩子獨處的時間也漸漸變多了。

孩子在補習班學習國語、英語和數學，但是卻無法從父母身上學到應該學習的基本生活教養，例如制定計畫、自我整頓、設立界線、遵守約定、動機賦予、適當補償、自律練習、享受連帶感等。疏漏了人生最重要的情緒與情感練習，從起跑線開始就非常不公平。

有些人會說：「時間不是很公平嗎？只要不虛度光陰、好好地活用時間，一定也可以憑自己的力量站起來。」但很遺憾的是，時間也並非絕對公平。某些人一天有大半的時間都花在健身房和才藝班，致力於自我開發；而某些人則必須在餐廳刷洗烤盤，騎著外送摩托車於道路上奔馳。有些時候，對我來說極為平凡的日常，對某人而言卻是遙不可及的夢想。

經歷勝過學歷

無法享受平凡的日常，從十九歲那年就被徹底歸類為「其他」、「含量不足」的尚民，將自己形容成是走到哪裡都不受歡迎的人。無論是學歷、經歷、能力、家世、外貌、身高還是幽默感，只要碰到比自己優秀的人，尚民就會變得畏縮。對捲髮感到自卑的他，甚至連看到擁有一頭整齊直髮的人，都會覺得「他和我不一樣」。

最終，尚民從人群裡分離，只能呆呆地望著他們，被名為「孤立感」的陷阱絆住雙腳。他絲毫沒有意識到並不是身邊的人排擠自己，而是自己使自己變得孤獨。

擺脫孤立感的方法有很多，但我想推薦下面這三種方法：第一，停止自責；第二，打破幻想；第三，形成連帶感。

首先，讓我們來了解一下停止自責的方法吧！自我貶低會導致對現在和未來抱有負面觀感，並且認為發生在內部的錯誤都與外界無關，把所有問題的原因歸咎在自己身上，亦即「是我沒出息」才致使錯誤發生。

人在獨處時不會有自卑感，也就是說，如果缺乏比較的對象或令人欣羨的環境，就不會產生自卑感這樣的情緒。因此，對於他人所帶來的自卑感、剝奪感、空虛感等，不能只一味地概括承受，必須培養自己有足以區分事實與自卑感的能力。以尚民為例，現在的他一邊就讀空中大學，一邊在職場上工作，同時身兼學生與上班族的身分，這樣的他足以為自己的努力感到驕傲。

被譽為美國歷史上最受尊敬的第一夫人愛蓮娜・羅斯福（Eleanor Roosevelt）曾說過：「沒有人能讓你感到自卑，除非你允許他們這樣做。」我希望尚民可以牢牢地記住這句名言。

不久前，我遇到了一位從高中畢業後就設立新創公司，並且已在某種程度上站穩腳步的三十多歲 CEO。他表示自己在招募新員工時，大學畢業生、高中畢業生的錄取人數會各占一半。在和他聊到與高中畢業生有關的故事時，他說了一段話讓我印象深刻：

「公司經營了十年左右，從某個瞬間開始，我就覺得經歷是可以勝過學歷的。雖然不是我的子女，但那個孩子真的太優秀了，讓我忍不住想到處炫耀。因為我也是高中畢業，所以很清楚那個孩子付出了多少努力。」

「經歷可以勝過學歷」，一路走來，我看過太多因為高學歷迷思而倍受煎熬的人，所以這句話讓我深感共鳴。

一開始就不存在完美的圓

擺脫孤立感的第二個方法是「打破幻想」。像尚民一樣「只有我沒有」的想法，是建立在「其他人什麼都有」的前提之下。因此，唯有認清「我的人生要活得特別」、「除了我之外，大家都看起來很幸福」之類的想法有多荒謬，才能擺脫眼前壓得自己喘不過氣的孤立感。

被譽為「佛洛伊德繼承人」的法國哲學家暨精神分析學家雅各・拉岡（Jacques Lacan）曾經說過：「一開始就不存在完美的圓，那只不過是幻象而已。」

讓我們把人生比喻成一塊圓形的大餅吧！就平均而言，韓國人一般在二十多歲時，會將大部分的時間與精力，投資在生涯規畫與就業這一塊；三十多歲時，則將重心放在結婚與生育；四十多歲時，希望擁有自己的房子；五十多歲時，則開始關心起健康問題。

那麼到了六十歲時，這塊餅能夠被填滿，成為一個完整的圓嗎？可惜實際上並非如此，特別是健康這一塊，還會隨著時間流逝變得愈來愈小。也就是說，這塊餅的構造從一開始就無法形成一個完整的圓。二十歲時，有可能會在職場或婚姻上面臨失敗；三十多歲時，有可能事業經營到一半就破產；四十多歲時，也有可能失去健康和職業。

人生這塊餅，就是一連串填滿與減少的過程，我們並不是要把餅打造成一個完整的圓。任誰也無法擁有一塊完美的餅，這就是所謂的人生。現在，我們手裡拿著的餅不是全部，只是一小塊或一小角而已——不，也或許是人生的一半。

給正在經歷人生低潮的你

擺脫社會性孤立的第三個方法，就是保有追求連帶感的態度。如果覺得實際接觸人群很吃力，至少也要透過社群軟體來維繫人脈，且除了已經認識的人之外，建議也要多與其他領域的人來往，藉以建立豐富的社會關係。此外，一段關係的核心不在於「你和我」，而是要把重心放在「社會和我」。

除了一次性的才藝奉獻、幫助貧困家庭等義工活動，使用保溫杯來取代免洗杯等行為，也可以成為建立社會關係的一環。這樣的行動，可以將原本「期待社會接納我」的被動態度，轉化為主動向社會靠進的積極心態。

有句話說：「被孤立的王，也不過就是個平凡人。」即便身為一國之君，如果底下沒有聽從或執行命令的人，那麼這位君王也無法擁有任何權力。

但願自十九歲那年十一月開始，就被歸類為「其他」的尚民，能夠在二十九歲這年的十一月，從「被孤立的王」蛻變成「有力量的個體」。也祈願在人生的黑暗與低潮裡，我們都能一路奮勇向前。

「自我肯定感」登場，終結「追求認同的欲望」

「如果談到憂鬱的話題，就會被朋友們提醒別破壞氣氛。沒有必要為了我一個人的舒心，就讓大家都跟著陷入鬱悶，所以我已經有好一段時間沒有向朋友傾吐心事了。」

向身邊朋友吐露難過的心情，不僅沒能獲得安慰，還經常被人形容是愛計較、自尋煩惱、無病呻吟等等。到底是從什麼時候開始的呢？向他人如實表露出憂鬱的心情，竟變成了一種負擔與尷尬。

從年幼時期開始，「個性善良」就彷彿是智秀的代名詞，她經常聽到這樣的稱讚，但是卻沒有人發現，其實她的內心被一股憂鬱層層籠罩。某天，智秀來到了診療室，淚如雨下的她傾訴道：「周圍的人根本沒想過，我的內心早已殘破不堪。」更表示很難把「陽光開朗」的標籤從自己身上撕除。

平時以豐富表情著稱的智秀是一位小網紅，為了符合自己的形象，她經常在 Instagram 上傳搞笑或奇怪的臉部特寫。在社群媒體上，智秀看起來比任何人都要爽朗活潑，但這樣的她，卻形容自己是個「內心陰險的人」。今天雖然也為了吸引粉絲訂閱而拍攝了搞笑、開心的照片，可是內心的黑暗面就像要把她吞噬殆盡一樣，活在恐懼裡的智秀每天都覺得自己難以支撐下去。這是很典型的「微笑憂鬱」（Masked depression，未發現憂鬱症在精神方面表現出的心情低落、精神壓抑等症狀，只強烈感覺到身體方面的不適）症狀。

智秀的外表就像盛夏的綠洲一般耀眼，但內心卻彷彿進入了漫長的雨季，或許可以說她是外表堅毅，內心卻十分脆弱的「外強中乾」吧。

因為被認同，所以存在

在網誌和部落格流行的時代，人們透過網路平台分享自己的日常、抒發感性，但MZ世代（統稱一九八〇至二〇〇〇年代初期出生的千禧時代，以及一九九〇年代中期至二〇〇〇年代初期出生的Z世代）卻很不一樣，他們發揮了卓越的能力將日常生活舞台化，用「追求被認同的人生」來形容也毫不為過。

配合著各自設立的舞台，他們在自我特色的包裝上擁有絕佳能力。或許正是這個原因，我在診療室遇見的人身上，看見了一種全新的自我——「公認的自我」。該說是「因為被認同，所以存在」嗎？「追求認同的欲望」幾乎凌駕於「獲得肯定的欲望」，甚至足以擁有破壞性的力量。

然而，問題就出在現實生活和網路世界存在著落差，在社群軟體上受歡迎的那個人，不是在現實生活中待業了好幾年、戀愛失敗、擔心貸款的自己，而是像華麗吊燈一樣散發著光芒的「被認同之人」。這個「公認的自我」，既不能顯露出悲傷，也不能流於粗鄙，時時刻刻都要像女王一樣高傲。不能讓周圍的人看到真正的我其實每天夜晚都躺在床上，因為對未來感到不安而失眠。所有事物都逐漸顯得清晰，只有我漸漸變得模糊；在一切都很高貴的世上，只有我一步步落得廉價。在意識到這些的瞬間，就意味著自己在獲得他人肯定的方面已然失敗，這是比死亡還要更讓人厭惡的事。正因如此，我們才會明明知道社群軟體就像是有毒的聖盃，卻還是不斷地把精力投注在「公認的自我」上。

屋主如果長期不在的話，房子就會變得髒亂不堪，「自我」也是同樣的道理。孤零零地留在主人不回家的空房子裡，「真正的自我」無法進行任何事，只能眼睜睜地看著自己逐漸崩壞。

屬於我一個人的空間：真有所謂的「聖域」嗎？

名門大學畢業生、乖巧的模範生、牧師子女、長女或長男等應該要維持的人物設定，或是積極開朗者必須具備的形象等，每個人都有代表自己的心理面具。而眾所周知的「人格面具」（persona），指的就是「偽裝出來的人格」，無論是誰，如果習慣以偽裝人格生活，都會難以從「微笑憂鬱」裡解放，獲得自由。

憂愁的「憂」，鬱悶的「鬱」，如同字面上的涵義，憂鬱症就是內心的憂愁鬱結在一塊，且呈現難以化解的狀態。要想解開纏得亂七八糟的線團，就必須找出毛線的線頭或線尾，但實際上並沒有說的那麼容易。此外，現實中的線團可以從中間剪開就好，但內心裡的糾結卻不可能說斷就斷。

為了從憂鬱症中走出來，首先要做的就是擺脫「我＝憂鬱的人」這種二分法思維，也就是要將疾病和個人區分開來。被診斷為憂鬱症，並不代表「我就此成為了憂鬱的代名詞」。

將自身能量消耗在「假裝自己過得很好」的微笑憂鬱症患者也是如此，比起真正的自我，他們更熱愛「公認的自我」，因此不會輕易承認心理疾病已經找上門。就算願意接納事實，他們也只會將憂鬱症視為輕微的刮傷，但憂鬱症並不僅止於刮傷的程度，而是真正的自我逐漸走向滅亡所發出的警告。

擺脫憂鬱症的第二個方法，是豐富「真正的自我」。以先前提到的智秀為例，做為「公認的自我」主要活動舞台的Instagram帳號，可以繼續經營也無妨，但是建議再多申請一個不公開的帳號，上傳一些不打算秀給他人看的實際生活，也就是不需要以留言和按讚數來衡量貼文價值的「真實自我面貌」。如此一來，在某個瞬間定會覺得自己的人生走向B版本也不錯。唯有一點需要格外留意，那就是千萬別將「公認的自我」與「真實自我」的路線重疊。

卡爾·榮格（Carl G. Jung）將能夠放心展現自己B版人生的地方稱為「聖域」（temenos，心理空間），就像是一處專屬自我的空間，可以盡情釋放自卑的一面。在這裡無論做出什麼樣的行動，都不會有人出面指責，與犯了錯也可以獲得饒恕的宗教場所相當類似。平時因為要看他人臉色而不敢表現出來的真實面貌，隨著展露的次數愈來愈多，真實的自我也會變得愈來愈健康。

人生如何能永遠順著完美的A腳本走呢？但願你能將一直以來忙於隱藏、從來不曾好好面對的真實自我表現出來，並且賦予自己權利，摘下那張為了掩飾缺點、緊緊戴在臉上的「人格假面」。

肚子餓還可以忍耐，肚子痛卻難以忍受

亞真的好友是人稱的IG網紅，每則貼文幾乎都會有數千個讚和一百則以上的留言，人氣相當高。剛開始亞真也很享受有這樣一位網紅朋友，但不知道從什麼時候開始，她不僅感到很不舒服，甚至還覺得有些不悅。看著對方從家世、學歷、外貌、男友到嗜好全都無可挑剔，甚至還有寵物陪伴，讓她深深陷入相對剝奪感（relative deprivation）之中。

所謂的「相對剝奪感」，指的是「在與參照對象相比之下，覺得自己應該享有的資源被剝奪，因而產生不快的情緒」。自己為了償還學貸同時跑好幾個兼職，但朋友卻在父母的幫助下買了新車時；自己為了找工作當了好幾年的實習生，但朋友們卻都成功就業或是考上公務員時，我們心裡會產生相對被剝奪的感覺。因為希望獲得朋友已經取得的成果，且認為自己理當擁有，所以內心就會覺得是被剝奪。

擺脫相對剝奪感的四個方法

「可是醫生，你知道更讓人心痛的是什麼嗎？我媽媽到現在都沒有去過一次星巴克。」

亞真說自己的家人在生日時能做的就是去吃烤豬排，但Instagram裡的朋友是和媽媽一起去逛百貨公司、去酒店度假，每一季更會安排一次國外旅遊。除此之外，聽說她還即將要和穩定在金融業上班的男友結婚，已經在盆唐[6]準備好了新房。

6 韓國首都圈內的一個新興城鎮。

$$相對剝奪感=\frac{想獲得的事物（Hope）－已經擁有的事物（Is）}{想獲得的事物（Hope）}$$

「看到那個朋友，就會覺得她好像是從出生開始，就注定會幸福一輩子的天選之人。像我這樣，真的不曉得當初為什麼要出生。」

相對剝奪感的核心不在於剝奪感，而是所謂的「相對性」。因為被相對性的比較與評價緊追不放，所以才會感到痛苦。亞真口中形容的自己非常不幸，但相信一定也會有人羨慕亞真在生日時有家人陪伴，還可以一起去吃烤豬排。

上方是將「相對剝奪感」以公式的型態來表現：自己未來想得到和享受的事物稱為「Hope」，目前正在進行或擁有的事物則為「Is」。我們必須仔細觀察這兩者之間的落差，因為兩者落差的程度，會影響到相對剝奪感的深淺。

如果想要減少相對剝奪感，建議可以採取以下這四種方式：首先，將自己已經擁有的事物（Is）用條列方式整理出來，像是家人或朋友、物品、照片、興趣、愛好等，透過條列式整理，會發現自己遠比想像中的還要富有，而所有問題的起因，都在於自己過度小看了這些事物。

人類大腦的構造，原本就是為了能夠更快地應對負面或是刺激性的事物，因此，大多數人在面對自己的不足或缺點時，會以確認偏誤（Confirmation bias）的方式進行選擇性思考。如果認為自己很不幸，那麼大腦就會以各種負面元素當作基準，而不是用幸福的元素來設定自己的「初始數值」。順帶一提，所謂的「確認偏誤」，指的是只接納能夠支持自己理論或假設的證據，並且選擇性蒐集對自身有利的資訊。

先前在定義「剝奪感」時，曾說過這是在不能享受自己所擁有的事物，或是在遭受剝奪時所產生的情緒，此處應該稍作修正：剝奪感是因為小看了自身所擁有的事物而產生的感情。

絕對的貧困與飢餓 VS. 相對的貧困與飢餓

第二個方法是「整體比較」。當然，擺脫剝奪感最好的方法，就是立刻停止比較心態，保持「我是我，你是你」的想法。將各自擺在不同的位置上、走向不同的道路，如此一來就不會產生任何問題。然而，現實生活中這幾乎是不可能做到的事。

那麼，就讓我們反過來利用剝奪感的核心「相對性」——藉由「比較」所感受到的眼紅、嫉妒、挫折等情緒。也就是說，既然我們無法從「比較」中脫身，那麼不如明智地進行比較，不只著眼於當下的一部分情況，而是綜觀過去、現在與未來再進行較量。

過去：「一路以來我～～」

現在：「目前我正在～～」

未來：「我將會達成～～」

將自己和他人的過去、現在、未來擺在一起進行比較的話，眼下對方「一小部分」的成果，或許就不會讓自己那麼敏感。「比較」並不是因為自己一無所有才產生的行為，而是我們無視自己擁有的事物所導致的壞習慣，這點請務必要牢記在心。

第三個方法是「保持距離」。如果讓自己產生剝奪感的是遙不可及的名人，那至少情況還不算太糟，反正彼此本來走的路就不同，只要想著對方是「上輩子拯救了國家」就好。然而，如果對象是自己親近的朋友，情況就完全不同了，可以說是悲劇中的悲劇。如果顯露出不開心，似乎就會和朋友漸行漸遠，但若是咬牙忍著那股糾結的情緒，真的是嫉妒到連肚子都痛。

肚子餓還可以忍耐，肚子痛卻難以忍受，這便是所謂的人之常情。我們可以說飢餓代表絕對的貧窮與缺乏，而腹痛則是相對的貧困與不足，也因此招來了相對性的失落感。

如果因為某位朋友的關係，真心覺得現在的自己非常不幸，那麼建議你暫時在心理上與對方保持距離。

關注自己所擁有的，就不會對他人心生妒忌

最後一個方法，是將注意力集中在自己身上。相信大家一定都有慢跑過，大概沒有一項運動會比跑步更適合用來鍛鍊專注力。慢跑剛起步時雖然相當吃力，但隨著練習的次數增加，愈跑就愈有神清氣爽的感覺。

慢跑超過三十分鐘後，那股一湧而上的幸福被稱為「跑者愉悅感」（Runner's High），因為和服用海洛因或嗎啡後出現的精神狀態相似，因此也被稱為「陶醉感」。然而，「跑者愉悅感」並非只有在慢跑時才能感受得到，朝著自身目標埋首前進的人，也可以體驗到這種幸福。

和朋友相較之下，亞真覺得自己陷入了不幸的泥淖，但是在和她聊天的過程中，我得知她正在準備資格證考試，於是我勸她不要藉由網路獲取情報，應該

親自去走訪蒐集資訊。如果從網路上輕鬆地得到訊息，日後只要一覺得麻煩就很容易放棄，若是透過自己身體力行，結果則會變得完全不一樣。在見習地點不僅可以獲得第一手情報，也可以親眼看到競爭者們準備的過程，光是這些就足以激起挑戰的欲望。

更重要的是，「正在為自己做點什麼」的感覺，不僅能帶來健康的自我認知，也具有降低相對剝奪感的效果，而厭惡或嫉妒對方的情緒也會化為自我陶醉，達成「情緒的轉換」。

再強調一次，相對剝奪感的重點不是「對方獲得了什麼」，而是應該聚焦在「我自己擁有什麼」上面，意即這是與「我能否以公平的視角看待自己」有關的「價值判斷」議題。

若能把注意力集中在自己擁有的事物，就不會有心思去嫉妒他人的光鮮亮麗。「比較」行為的產生並不是因為自己一無所有，而是我們過於小看或輕視自己現有的一切。

如果小狗不在天堂，那麼我也沒有前往的動力

曾有人這麼說過：「如果小狗不在天堂，那麼我也不要去。只有牠們在的地方才是天堂。」這是因為伴侶動物在情緒上能帶給人們強烈的安全感。在失去幾乎等同於幸福、與人們形成情感紐帶的伴侶動物時，那樣的失落感難以用言語形容，甚至有很多人會比失去家人時更加失魂落魄。然而，問題就出在周遭之人看待自己的眼光。

曾經有位來談者打算替去世的小動物舉行喪禮，但是在向公司請假時，對方卻說：「你還真是特別啊！」他為此痛哭失聲。親近之人漠不關心所導致的失

落感、無法被理解的遺憾，以及無條件信賴的缺乏，與這些問題相伴而來的「喪失寵物症候群」（pet loss syndrome），是絕對不容忽視的議題。

荷娜在七個兄弟姊妹中排行第六，是個無論怎麼看都很難獲得家人關心的出生順序。或許就是因為這個原因吧？從小就倍感孤單的荷娜，覺得自己需要一座專屬的安全堡壘，於是在年紀輕輕的二十四歲就選擇步入婚姻。然而，在外商公司上班的丈夫因為過於忙碌，無力填補荷娜所感受到的孤獨。

患有嚴重憂鬱症的荷娜，在周邊親友的勸說下領養了一隻貓咪，然後不知不覺就成為了四隻貓咪的鏟屎官。但就在不久前，荷娜最疼愛的貓咪 Kitty 跨過彩虹，前往了天國。

「只要看到 Kitty 曾經躺過的位置，我的心就猶如刀割，有種快要窒息的感覺。」

無法體會荷娜心境的人只會質疑她：「難道貓咪比老公更珍貴嗎？」、「不是還有三隻貓咪嗎？」這些話對荷娜來說都像是二次傷害。

在四隻貓咪裡位居末位、總是在爭搶中被排擠的Kitty，其實就像是荷娜本人的投射。她在Kitty身上看到自己年幼時期為了獲得父母親關愛，在兄弟姊妹間激烈競爭，卻仍然被無視且不具任何存在感的模樣。人們總是問她：「不過就是死了一隻貓，有必要變得那麼敏感嗎？」但是對荷娜而言，Kitty的離世就如同失去了反映在貓咪身上的自我。

這是由被稱為「投射性認同」（projective identification）的防禦機制所引發的問題。所謂的「投射性認同」，指的是將自己內在客體的一部分投射到外在對象身上，並將其內化的一種幻想過程。

欣然走向朝自己襲來的苦痛

平時就有嚴重憂鬱症的人，每天早晨都會陷入恐懼，對他們而言，一天二十四小時是一段漫長且難熬的時間。每天隨著太陽升起本能地張開眼睛，心臟撲通撲通地跳動引導呼吸，而自己只是無意識地跟著雙腳來回移動。在這些人的身上，很難找到所謂的求生意志。而在這樣的生活裡，還要承受失去摯愛的傷痛，於是情況就變得更加嚴重。荷娜無法理解自己為何要像世界末日一樣傷心，但有時候又討厭自己竟然不為 Kitty 的死感到悲傷，比起盡情地宣洩悲傷情緒並進行哀悼，荷娜花了更多的時間埋怨和責備自己。

現在對荷娜來說最需要的是「心理接納」（psychological acceptance），也就是不迴避現實生活中已然發生的事，完完整整地去經歷並接納從此處衍生的情感。

心理接納指的是欣然走向朝自己襲來的苦痛，緊緊擁抱接連產生的所有情緒。無論是喜悅、悲傷、憤怒亦或是挫折，就那樣原原本本地接納當下感受到的情緒。而為了達成心理接納，首先必須抱有「現在降臨的失落感屬於我，從此處迸生的情感也屬我」的認可態度。

不過，因為心理接納的過程太痛苦，以致於大多數人都會傾向選擇逃避，荷娜當然也不例外。過沒多久之後，她便想用新的貓咪成員來填補 Kitty 的空位。

倘若是無法避免的痛苦，那麼讓自己放肆地痛一回也不是壞事，至少在哀悼期滿之前，應該讓 Kitty 的位置空下來，透過那樣的空缺，讓自己領悟人生本來就存有缺憾。接著，應該進一步思考要以什麼樣的事物彌補空缺，而不是急著再去尋找新的伴侶動物。

沒有什麼比自己的心還要難以控制

最後，如果你正因為失落感而深陷痛苦，一定要懂得集中精力去關懷和覺察（mindfulness）自己的心。

世界上最難應對、也最難釐清關係的對象正是「我自己」，沒有什麼比自己的心還要難以控制。每個人都會對未來感到不安、碰上無法解決的問題、懷有對某人的怨恨或是難以擺脫過往的傷痛等，帶著一顆嘈雜紛亂的心過日子。不過，當蠶食自己的負面想法無止境地浮現時，無論如何都要盡力從那樣的狀態裡逃脫。此時，最重要的就是「覺察」——讓自己所有的判斷停止運轉，原原本本地接納內心狀態並加以觀察。

「啊，我現在是因為〇〇所以生氣了呀」、「原來我現在對〇〇感到羨慕」、「原來我現在想要〇〇啊」，只要可以發現這些就足夠了。像這樣試著覺察自己的情感，就能夠以客觀的角度回顧自身，陷於某些特定情況的次數也會逐漸減少。

刨除在我體內生根的權力意志

曾經有位來談者無時無刻不在生氣，於是我問他：「是因為生氣所以感到憂鬱？還是因為憂鬱所以生氣呢？」接著他就用「你說這是什麼話」的表情盯著我看。這位來談者有重度憂鬱，但是他卻只意識到表面上的怒氣，全然未曾察覺內心裡的憂鬱。

憤怒和憂鬱很容易被認為是兩種不同的情緒，但其實兩者就猶如硬幣的正反面：不開心的情緒向外發洩的話就會成為憤怒，往內積藏的話則會變成憂鬱。

眾所周知，自己的身體、感情、情緒、金錢等領域被侵犯，或是自己應當享有的權利未能獲得保障時，就會產生憤怒。不管怎麼想都認為不公平的時候，或是當下覺得若無其事地帶過會使自己陷入委屈時，我們就會湧起憤怒的情緒並開始抒發己見，這是非常自然且健康的反應。然而，會造成問題的部分就在於「憤怒習慣化」。

反芻性思考的副作用

「今天心情如何呢？」

「早上和組長大吵了一架。我到公司的時候和他打招呼，但他居然沒有反應。已經不是一次、兩次了……」

讓我們重新回想一下剛才的提問，我並不是詢問詳細情況，只是問了他今天的感受。

「因為組長的關係，從一大早開始就很辛苦啊！那現在你的心情如何呢？」

「然後我因為要來醫院所以搭了計程車，但計程車司機一直故意繞遠路，是當我好欺負嗎？於是就又吵了一架。最近不知道為什麼，總是有這種傢伙想要佔人便宜！」

我問他現在的心情和感覺，他卻總是提及和他人之間的紛爭，會出現這樣的行為其實是因為「憤怒反芻」（anger rumination），也就是與自己的意志無關，不斷地反覆想起憤怒爆發的瞬間。

「反芻」原本指的是牛或山羊等草食動物，將吃下去的食物倒流回口腔再重新咀嚼。反覆品味、思考某件事情時，也會使用「反芻」這樣的詞彙來表現，若憤怒是一種情感，那麼反芻就是對這種情感的思考。如果一直去想讓自己生氣的事，亦即不斷反芻的話，憤怒的情緒也一定會隨之高漲。這種反芻式的思考，會將生氣的原因轉移到對方身上，成為將自身行為合理化的基礎，然後再次創造出發火的理由。

衝動型憤怒 vs. 習慣性憤怒

經常被稱為「憤怒調節障礙」的陣發性暴怒疾患（intermittent explosive disorder），是一種不能用理性控制自身怒火，以致於過度激烈地表現出憤怒，使情況趨於極端的性格障礙。特徵是會不由自主地像發作一樣出現爆發性行為，並且間歇式地不斷反覆。

憤怒調節障礙可大致區分為「衝動型憤怒」與「習慣性憤怒」。衝動型憤怒就是人們常說的「多血質」[7]，這類人平時雖然看起來性格文靜，但是會突然翻臉、變得帶有攻擊傾向，且轉換的速度非常之快，幾乎可以用暴衝來形容。而所謂的習慣性憤怒，可以說是把「講話大聲就會贏」具體付諸實行的人，他們很常透過發脾氣來快速、有效地取得自己想要的事物，因此只要有看中的目

7 源自於古希臘的性格分類，根據體液學說所提出，認為人體由四種液體組成，分別為血液（對應多血質）、黏液（對應黏液質）、黃膽汁（對應膽汁質）和黑膽汁（對應抑鬱質）。這四種液體平衡發展時，會形成各種人體功能；不均衡時則會造成疾病。人的不同情緒也被認為與體液有關，根據每個人先天不同的體液比例，會形成不同的性格。

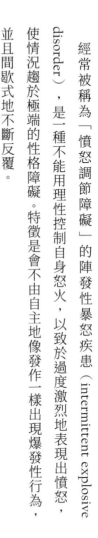

標，他們一般會先發火企圖壓制對方。

為憤怒調節障礙所苦的人，通常都會受到攻擊性衝動、破壞性衝動、暴力性衝動的折磨。在情況嚴重時，他們不僅會對他人發動攻擊，還會毫不猶豫地傷害自己。

為自己和他人招來巨大苦痛的陣發性暴怒不是心理疾病，而是腦部疾患的一種。人們在遭受極度嚴重的壓力時，掌管理性思考、調節行為與情感的前額葉會呈現麻痺狀態，短則三十秒、長則約三分鐘左右。在那一瞬間，熊熊燃燒的憤怒之火就會爆發出來。

對前額葉呈現麻痺狀態的人而言，任何理性的說服或邏輯性的協商都是聽不進去的。

因此，當憤怒的火焰快要將自己吞噬殆盡時，首要之務就是逃離引發怒火的現場。因為不是用大腦可以解決的情況，所以首先應該讓自己的身體動起來，例如去洗手間數數或者背九九乘法，盡量爭取平息怒火的時間。

很多人會質疑：「都快要氣瘋了，又不是像小孩子一樣在鬧著玩，還數什麼數字啊？」但數數其實可以刺激掌管理性的左腦，抑制極度興奮的右腦，也就是有控制情緒判斷區的效果。

生氣是最容易的

平常個性很急，屬於容易情緒激動的類型嗎？是否曾在重要的日程前夕，因為發脾氣而把事情搞砸？是否總覺得被某人瞧不起，經常感到委屈呢？手上正在進行的事如果不順利，是否很容易放棄或是感到挫折？會不會把自己的錯歸咎給別人，然後向對方發脾氣？是否會無法忍受自己做的事沒有獲得認可？生氣時是不是會先爆粗口，然後產生想使用暴力的衝動呢？

如果前面一連串問題的答案都是「YES」，就應該思考一下自己是不是把憤怒使用成了習慣。憤怒習慣化之所以可怕，就在於思考也會因此走向固定模式。人類的大腦如果反覆接收到同一情緒，就會將其視為一種固定模式，進而演變成既有性格的一部分，然後不由自主地變成一個消極負面、個性敏感、脾氣暴躁的人。

「生氣是最容易的。」

這是一位三十多歲的女性在診療室中對我說的，她因為憤怒調解障礙而與老公面臨婚姻危機，是典型以自我為中心思考所導致的結果。當然，她說的話並沒有錯，對以自我為中心的人來說，發脾氣是能夠快速解決複雜問題的萬能鑰匙，也是可以輕鬆獲得自己想要事物的魔法神燈。從某種角度來看，她算是正確地掌握到了發脾氣的功效，並且懂得加以活用。

這類型的人權力意志（will to power）非常強，所謂的權力意志，指的是為了克服自卑感與懦弱，因而對力量、支配力、優越感等展開追求的一種補償行動。奧地利的精神醫學家阿爾弗雷德·阿德勒（Alfred Adler），嘗試以自卑感為基礎去理解人類的行為，發現人類為了克服從自卑感中產生的不滿，會致力於追求權力。

權力意志強的人為了證明自身的優越感，會不擇手段地炫耀自己的力量，沉浸於足以支配他人的影響力之中。因此，可以說「憤怒」是為了在自卑感方面獲得補償所展現出來的權力追求。

現在你的權力意志在哪一個等級呢？是時候該自我檢核一下了。

Chapter 4

到底要怎樣才能「加油」？

feat. 為需要勇氣的你準備的心靈處方

對無力振作的人而言，沒有比「加油」這兩個字更殘忍的話了，甚至還可能成為導火線，逼迫他們面對自己委靡不振的模樣。雖然是想鼓勵對方，但這句話或許會成為一種偽裝暴力，將已經跌倒的人再次狠狠壓制。這種時候，只要默默地守在對方身邊就好。一段關係裡最大的體貼，就是當對方處於前途混沌的狀態時，陪伴他一起挺過那段艱辛歲月。

我，沒有加油的勇氣

媒體連日來不斷報導千禧世代有「努力嫌惡主義」的傾向，但是我的看法有點不同，我認為他們不是討厭努力，而是陷入了「努力虛無主義」。

以一句「女人不是天生命定，而是後天塑造」而知名的法國存在主義哲學家及小說家西蒙·波娃（Simone de Beauvoir），在《西蒙波娃的美國紀行》（*L'merigue au jour le jour 1947*）中曾經寫道：「現今的世界如同舊世界一般僵

化，勞動者的工作被細密地劃分，機會同樣也是固定的，因此，個人從一開始就不具有開闊的未來。一個人在齒輪中佔據的位置，決定了他的人生全局。」近來掀起各種社會議題的千禧世代，讓我經常想起西蒙．波娃的這段話。

在醫院裡和二、三十歲世代的年輕人聊天，著實為他們感到心疼、難過與惋惜。完美地武裝好自己然後站在「社會」這道門前的年輕人，究竟感受到多深多重的絕望，我根本完全不敢想像。眼前不是寬廣的未來，而是封閉的世界，在「社會」這道門打開之前就不斷收到「預約結束」的拒絕，這樣的心情該如何用話語來形容呢？在診療室裡反覆與這些年輕人見面，連身為前輩的我也有種「在抗爭之前就已經落敗」的感覺。

有一首詩似乎足以傳達出這些年輕朋友的心境，在此想特別介紹給大家——李奎景（이규경，音譯）詩人的〈勇氣〉，我自己也很喜歡這篇作品。

〈勇氣〉

李奎景

你一定做得到
人們這麼說

要拿出勇氣啊
人們這麼說

所以，我鼓起
勇氣

鼓起勇氣，然後
這麼說

我，做不到

到底該如何才能「加油」

「有種一直被社會拒於門外，但我自己硬要強行闖進去的感覺。」

提交履歷應徵工作，卻嘗了好幾次失敗苦果的樓俐，很快就對就業這條路心灰意冷，他的身分從「待業者」轉換為「公務員考生」已有三年。某天，他在經常前往的圖書館窗外，看到我所在的醫院招牌上寫有「壓力門診」，他茫然地想著「哪天一定要找個機會去看看」。就在今天，可以說時機成熟了。

「我上輩子應該是主導了焚書坑儒，否則根本無法解釋為什麼這輩子只能這樣拚命念書。」

他風趣地解釋了自己的情況，但其實內心相當不安：想找工作已經錯過了黃金期，要繼續念書又對自己沒信心。面對眼前膠著的狀態，畫出人生的圓餅圖，然後檢視一下「就業」與「念書」各佔多少比例非常重要。如此一來，才能從進退兩難的窘境中擺脫，把重心放在其中一方。此外，還需要周遭之人一起協助，切勿對已經日漸委靡、裹足不前的人猛潑冷水。接下來，就讓我們聽聽樓俐的故事吧！

「今天早上媽媽對我說：『你就是沒有韌性，隨便找個地方上班就好啦。』可是醫生，就算我願意也沒有地方可以去，就只是……覺得眼前的一切都很茫然。」

「空虛」和「無力」是二十歲、三十歲世代最常傾訴的兩種情感，但他們所提及的空虛感和無力感，在本質上與其他世代有些不同。二十歲～三十歲世代所面臨的空虛感，源自於「不被賦予投入生產的機會」，而無力感則是在參與了自己想做的事，卻「得不到預期的成果」時猛然襲來。

目前的樓俐已從「無力感」階段脫離，準備搭上掛有「空虛感」車牌的公車。對於這樣的人，有兩句話一定不能說出口：「打起精神」和「加油」。對無力振作的人而言，沒有比「加油」這兩個字更殘忍的話了，甚至還可能成為導火線，逼迫他們面對自己委靡不振的模樣。雖然是想鼓勵對方才那麼說，但這句話或許會成為一種偽裝暴力，將已經跌倒的人再次狠狠壓制，所以務必得格外留意。

這種時候，只要默默地守在對方身邊就好。一段關係裡最大的體貼，就是當對方處於前途混沌的狀態時，陪伴他一起挺過那段艱辛歲月。

此外，其實我也很想問：到底要怎樣才能「加油」？

從「被動的」虛無主義者，轉變為「主動的」虛無主義者

沒能從社會上聽到想要的答案，就足以讓人十分鬱悶，再加上自己的存在被全面否定，這樣的創傷，就是二十、三十歲世代共同面臨的虛無感。虛無主義被稱為「Nihilism」，「nihil」用拉丁語解釋就是「完全否定」的意思。

談到虛無主義的話，就不能不提到尼采。尼采將虛無主義分為「被動虛無主義」及「主動虛無主義」。被動虛無主義指的是反覆死心、抵抗與迴避，對所

有事物抱持否定態度；而主動虛無主義，則是領悟到自己迄今為止追求的價值與信念都是幻想，進而將焦點放在創造新的世界。

雖然同樣是虛無主義，但「被動」和「主動」會帶來完全不一樣的結果。既然都要做為「虛無主義者」生活了，那麼希望你可以成為一名主動型的虛無主義者。至少，不要變成一個討厭努力的人。

為不上不下的人準備的藉口

如果要用一句話來定義現代社會，我的回答是「趨於極端」。最近所有的事物都變得兩極化，沒有所謂的中間區域，過去處於灰色地帶或安全地帶的人，在社會的邊緣以不上不下的定位，過著前途不明的生活。除了從一出生就「擁有房地產」的富二代，大部分的人都必須擔心自己的吃住問題。而邁向M型化的社會，也讓一開始就無法達標的人感受到莫大的挫折。

不過，在人生當中，一定要度過一段處於社會邊緣、前途不明的時光。特別是那些只有年齡虛長，成為了大人也不知道自己想做什麼的人。

把換產業當成興趣了嗎？

每次聽到「你是把換產業當成興趣了嗎」的斥責時，承慧都覺得自己的人生像是白活了，但現在的她其實才二十四歲。這個年齡還只是社會新鮮人，就像孩子們需要透過玩耍來學習哪些該做哪些不該做、什麼可以吃什麼不可以吃一樣，承慧也藉由多元的社會經驗，學習自己能夠做到什麼，以及未來想從事什麼樣的工作。

問題出在經常杞人憂天的姊姊們。承慧和大姊相差四歲、和二姊差兩歲，對她們來說，承慧就只是個不懂事的妹妹，不僅缺乏專長，做的工作又總是吃力不討好。但是，姊姊們其實也不過才二十六、二十八歲而已。

「我總是充滿好奇，喜歡可以與人接觸的工作，所以曾在寵物店、美甲店和咖啡廳打過工，還取得了咖啡師和美容師的資格證。姊姊們總說我對工作缺乏定性，催促我快點決定要選擇哪一項做為職業，但我現在還有很多想嘗試的工作啊。」

再次強調，承慧其實才二十四歲。

「姊姊老是說我沒有一項工作是明確定下來的，每件事都做得不上不下。說實話，如果有人詢問我的職業，的確是什麼都很模稜兩可，我也為此感到不安，害怕會就這樣一路不上不下的，只有年齡不斷增加。」

不過，一直施壓要承慧盡快選擇出路的姊姊們，其實也一樣處於不上不下的位置。大姊日前剛進了設計公司，二姊接手管理線上商城也才剛滿三個月。她們只是將自己現在處於尷尬狀態的焦慮感，轉而投射到妹妹身上罷了。

為什麼對你來說，沒有所謂的「天職」

仔細觀察那些形容自己「不上不下」的人，會發現他們不管是工作、戀愛還是念書，大多處於「進行式」而非「完成式」。在未能獲得成果、尚處於過渡階段時，很多人都會用「不上不下」這樣的詞來表現。

害怕人生是否會就此不上不下的承慧也不例外，她至今還沒找到適合自己的職業，正為了尋求與性向相符的工作而苦惱。承慧並不是一直停留在原地，只是速度比較慢了些。雖然本人覺得無所謂，但問題是身邊的人總是嫌她太慢，經常催促她要再多加把勁。

而最具代表性的逼迫，就是詢問：「你現在從事什麼工作？」如果這個問題是對三十歲中後半的人提出，一般而言還算恰當；但若對象是二十歲出頭的年輕人，這個問題就稍嫌太早。對他們而言，「以後想從事什麼樣的工作」，這種問法或許更為合適。

著有《沒定性是種優勢》（*How to Be Everything*）的艾蜜莉・霍布尼克（Emilie Wapnick），以TED演說「為何某些人沒有一個真正的天職」一躍成名。同時身兼作家及藝術家的艾蜜莉・霍布尼克，曾經很擔心自己的性格缺乏定性，不管在哪個領域都是三分鐘熱度。更覺得自己的這種性向會阻礙成功，好像會過上不管到哪裡都無法貢獻己力的人生。

「將人生狹隘地聚焦在某件事上的觀念，在我們的文化中被過度浪漫化，並且認為每個人都有所謂命中注定的天職。」霍布尼克如此說道，接著，她對與自己懷有相同煩惱的人拋出「多重潛能者」（multipotentialite，關心的事物多元，並且追求有趣的人生）的概念，意即因為在多方面都具有才能，所以才會有缺乏定性的現象產生。

我們稱一生都專注於某項領域的人為「匠人」，我在診療室中，也經常遇到雖然稱不上是匠人，但能夠在自己的領域中發揮卓越能力的人們。然而，在與他們對話後可以發現，這類型的人時常會覺得「自己除了工作之外，什麼事都做不好」。有些人在職場上雖然被稱為「老師」，但是卻連身分認證都不會申請，不懂得該如何處理銀行相關事務，適應力與應對能力幾近於零。這些人最常說的一句話，就是：「我會做的只有這項而已。」

不是處境尷尬，而是多才多藝

當今時代，思想改變的速度跟不上技術發展的速度，雖然有人說「多才多藝的人只會餓死」，但現今的世界並非如此，反而是「只擅長做一件事的人會餓死」。興趣多元、對事物充滿好奇，和金錢、名譽相較之下更重視人生樂趣的「多重潛能者」，多多少少會被評價為「不上不下」，但其實他們比任何人都擁有成長的潛力。

特別是像承慧這樣處於成長階段的人，因為正在經歷「生長痛」，根本無力顧及其他的事。別急著搶走考卷、為還在認真解題的孩子打分數，就算是幼兒園的學生，也不會想把自己未完成的畫秀給重要的人看。

比起成為不受歧視的人，但願你能成為不帶歧視的人

千禧世代一般都具有「性別意識敏感度」（gender sensitivity），因此當他們遇到「性別屏障」時，並不會一味地概括承受。

「維琳，之前就聽說你長得很漂亮，果真像傳聞一樣呢！」

聽到這句話，維琳無法理解眼前的情況，在因為業務往來而見面的場合，怎麼能夠大言不慚地這麼說呢？她對此大吃一驚。且更重要的是，對方似乎把她當作「性客體化」（sexual objectification）的對象，這口氣讓她難以嚥下去。

所謂的性客體化，指的是為了滿足自己的性需求，將某人看作是沒有人格或感情的物品。

結束會議回到公司後的維琳，立刻向組長提起這個問題，但獲得的反應竟是：「說你漂亮不好嗎？」、「有什麼好那麼敏感的？應該只是客套話吧……」

第二天，維琳就向公司請年假來到了診療室。

「不是我太敏感，是公司太過份了不是嗎？我表示自己聽到那些話後心情很差，身為當事人的我覺得被對方羞辱了，公司怎麼能那樣回答呢？比起那個人，公司的反應更讓人覺得荒謬。」

維琳並不是第一次遭遇這種事，之前她也曾被大樓警衛以「小姐」[8]稱呼，為此而向保全公司大發雷霆。「又不是酒店小姐，叫我『小姐』像話嗎？」當時她強烈地表達抗議。

性別意識敏感度

在韓國，有一個貫穿現代社會的關鍵詞，就是「性別意識敏感度」（gender sensitivity）。所謂的性別意識敏感度（性別敏感度），指的是在日常生活中能夠感知到性別歧視的敏銳程度。這原本就是較具爭議性的話題，談起來不免有些負擔，但因為也是重要的議題之一，所以想在此簡單扼要地說明。

以客觀的角度來看，維琳擁有出色的外貌，從小就聽到很多人稱讚她的容貌和身材。據說她在進到大學之前，都沒有意識到這就是大家常說的「外貌評價」和「身材評價」，因為「漂亮」這樣的讚美讓人聽了心情很好。

然而，成為大學生之後的維琳，在參與系代表選拔的過程中產生很大的改變。與男同學競爭系代表位置的她態度消極，而看見這種情況的前輩，對她拋

8 韓文中的「小姐」經常被用來指稱於聲色場所工作的女性，或是做為年長者對年輕女性的稱呼，因此根據場合的不同，有時會讓人產生被貶低的感覺。

出了一段話：「維琳啊，你明明聰明又幹練，為什麼要屈服於『漂亮』這兩個字呢？到底是為了什麼要被『正妹』這樣的頭銜綁住？」

維琳這時才恍然大悟：「原來我能獲得的最大稱讚，就只有『漂亮』兩個字而已，沒想到之前那些稱讚，是要我當個花瓶就好……」

我們都應該當個女權主義者！

當然，可能就像維琳所說的，在「正妹」這兩個字的框架中，隱隱約約含有「你就像花一樣安靜坐著就好，為我們營造氛圍」、「你是女人，做到這樣就夠了，哪裡還需要努力」。因為這樣的偏見，讓許多人不禁高喊：「我們都應該當個女權主義者！」沒錯，我們都需要成為一位女權主義者，以男性特有的視角和世界觀當作基準的態度，是必須被完全根除的落後思想。

改變不合理及矛盾的社會結構相當重要，但究竟要如何改變，則有必要進一步深思。無條件仇視、厭惡和自己性別不同之人真的是正確的嗎？迄今為止，女權運動是一系列為了達到兩性平等的奮鬥史，而不是一連串的嫌惡、歧視與敵對，至少在我所知的範圍內是如此。

以下的文章出自江陵原州大學金智慧（김지혜，音譯）教授的著作《善良的歧視者》（선량한 차별주의자，暫譯），因為和我想說的話一模一樣，在此就借花獻佛摘錄一小段：

「差別待遇幾乎都是因歧視而蒙受損失之人的故事，很少有因此獲利的人主動站出來談論歧視問題。然而，歧視明明就是因為雙方間的不平衡導致，對所有人來說應該都是不公不義的事情，為何只有遭受歧視之人要面對呢？如果從數學的角度來思考，我也有可能受到歧視，或者有歧視他人的時候，不是嗎？」

在性別敏感度上，沒有所謂的固定界線

不久前，一位在中堅企業擔任管理職的四十多歲女性前來診療室。

「我好像應該重學一次性教育，真的太丟臉了，讓我好想辭職。」

這位女性是在公司任職十五年的資深員工，但不久前卻經歷了一次慘痛的教訓。那天，她和二十多歲的新進職員們聚在一起吃午餐，席間她稱讚某位男同事：「最近很認真運動吧？身材真好！」不料，對方卻以性騷擾為由向公司提出申訴。

「以前在公司裡我們經常這樣聊天，我真的不知道這會成為問題，是我太無知了。」

她做夢都沒想到自己會變成性騷擾的加害者，且一直以來她都覺得自己與這個議題沾不上邊，對此沒有過多的關注。然而，時代已經改變，問題也隨之發生。缺乏性別意識敏感度的人，哪怕是現在也要學習一些相關知識，不能再以「我不知道會成為問題」、「把對方當成女兒才那麼說的……」當作藉口。在性別敏感度上面，沒有所謂的固定界線。

最後，比起不受他人歧視，希望正在閱讀本書的你，能夠更加努力成為一名不帶歧視之人，因為那正是我們所嚮往的「平等社會」的基礎。

資歷查核存在的理由

或許是因為就業變得愈來愈困難，近來以創業或自由工作者身分踏入職場的人逐漸增多，也因此經常讓我有種「法律意識」（Legal mind，人們對於法律所抱持的規範意識）普遍提高的感覺，也就是懂得活用法律規範。與過去任何一個時代相比，現在二十幾歲的年輕人，對於法學人士和警察等公權力的運用，的確比較少有抗拒感，甚至還出現了催促資方支付打工薪資及保險費等的APP。由此可見，社會整體的氛圍似乎也順應了這股趨勢。

二十六歲的鉉雅以自由工作者身分接插畫案，如今已邁入了第二年，當她看到同行的前輩因著作權問題捲入法律紛爭時，突然產生了「如果我不能保護自己，就沒有人會來保護我」的想法。因此，鉉雅在與公司行號簽訂契約時，會將對自己不利的條文挑出來，從頭到尾逐一確認，是個很聰明又能幹的孩子。

死板的原則主義者 VS. 沒有主見的濫好人

不過，最近鉉雅陷入了瓶頸，因為其他插畫家和公司合作後都會再續約，只有她沒有收到續約邀請。鉉雅向同事吐露自己的煩惱，但得到的答案，都是要她重新思考一下過於嚴格和果斷的合作態度。

「自由工作者本來就沒有足夠的法律保護措施，我提出的要求也不違法，是哪裡做錯了嗎？」

鉉雅的原則並沒有錯。「原則」指的是必須一致遵守的基本規範或法則，「變通性」是指針對事件的個別情況進行適當應對的能力，而「常識」則為一般人普遍熟悉的知識。如果過於堅守原則，很容易就會變成一名不知變通的原則主義者；但若是過於隨波逐流，也很容易遭受溫情攻勢，變成一位缺乏原則可言的濫好人。在現實生活中要於兩者之間取得平衡，並不是一件簡單的事。

鉉雅的情況也不例外。她的工作原則是一律採取線上溝通、不能更改構圖設計、製作物修改兩次以上就要追加費用等。我並不是指鉉雅這樣的原則有錯，付出勞動的話本來就應取得相應的報酬。然而，按照鉉雅定下的原則，她至今為止從來沒有與客戶見過面，就算公司要求碰面開會，她也表示只要透過電話溝通即可，然後用電子郵件交付製作物。雖然這可以說是與遠距時代相應的工作型態，但並非絕對不能通融，凡事都有所謂的「合理界線」。

如果可以釋出一點彈性空間，或是表現出願意退讓的姿態，那麼對方有時也會跟著後退一步，這就是所謂的人心。當然，在這樣的過程裡，也會有人堅持己見，認為「你的就是我的，我的還是我的」，不過稍微有點常識的人，一般都會設身處地為他人著想，發揮變通性努力尋找雙方的妥協點。透過這樣的溝

通，彼此商議絕對無法退讓的底線，並且制定出新的規則。

不過，鉉雅以必須堅守原則為由，不給對方留任何餘地。倘若她擁有完全不可替代的實力，或者身為讓全國人民沸騰的潮流引導者，這樣的態度便不會成為問題。世界是按照供需法則在運行，如果有粉絲熱愛鉉雅的插畫作品，上門前來尋求合作的客戶就會跟著變多，但很可惜鉉雅目前還沒有到達那樣的位置。此外，能夠替代她的創作者如雨後春筍般迅速崛起，在對趨勢敏感、以短篇作品為主流的業界，這種依照供需法則洽談合作的現象更加明顯。這麼說來，鉉雅以後究竟該怎麼做呢？

社會生活情緒法

俗話說「在憲法之上還有民意」，指的是以民意做為基準，對法律的影響力產生限制的情況。如果說「憲法」是保障國家統治體系和人民基本權利的最基本法規，那麼「國民情緒法」[9]則較為主觀、日常，並更加重視常識性的規範。

社會生活也是同樣的道理。就像國民情緒法一樣，在職場上也有凌駕於合約條文的「社會生活情緒法」。想要盡量和合作起來不會消耗精神或情緒的人一起工作，這點就是「社會生活情緒法」的核心。若想成為一位能夠在原則和常識的基礎上靈活變通的人，首先就必須從「功能固著」（functional fixedness）的狀態中走出來。

所謂的「功能固著」，指的是思考的功能趨於僵化，以致於妨礙了新的想法創生。與「功能固著」相關的心理實驗非常多，在此我就介紹其中一個最具代表性且膾炙人口的實驗。

德國的心理學家卡爾・鄧克（Karl Duncker）交給受試者一個裝有火柴盒、蠟燭和圖釘的箱子，接著要他們找出可以將蠟燭固定在軟木板牆面，並且把火點燃的方法。受試者們嘗試用圖釘把蠟燭釘在軟木板牆面，或試著用燃燒後滴下來的蠟油把蠟燭黏在軟木板上，但是這兩個方法全以失敗告終。

9 國民情緒法：意指將國民對特定事件集體表現出的感情或情緒反映到法律上，是不成文且以輿論為依歸的法律，受媒體影響甚鉅。

解決這個問題的方法意外地簡單：將裝有圖釘的箱子釘在軟木板上，再把蠟燭立於箱子上點燃即可。只要把裝圖釘的箱子當作燭台使用就可以解決問題，但所有的受試者都沒想到箱子可以拿來另作他用，這是因為陷於「功能固著」（即固定觀念）所導致的結果。

鉉雅如果想擺脫「功能固著」的狀態，首先就要拋棄「共事的人＝不能保障自己權利之人」的觀念。與其和對方互相較勁，不如尋找合理的妥協點，將對方的意見視為協力而非干涉。而此處最需要的，就是思考的靈活性。

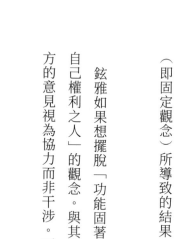

上位法優先定律

因為害怕權益受損而變得一板一眼的鉉雅，我建議她回頭檢視看看，自己在工作時是否就像一棵香蕉樹。據說香蕉樹的莖芽只會結一次果，農夫們為了獲得新的香蕉，會因應香蕉樹的特性，把既存的枝幹砍掉，期待根部的新芽再次長大。後續無法與對方再次簽約，就如同每一株香蕉只會結一次果實，也就是說，若想獲得一百顆果實，就得要付出一百次的勞力，如此一來太過於缺乏效率。

像鉉雅一樣剛開始接案不久的初學者，必定會對可能產生的損失感到焦慮。「沒有人會保護我」的想法使不安的情緒逐漸高漲，這時，若能先定下足以承擔的損失範圍，有助於重整自己的心緒。以該範圍做為基準，若是受到損失的話，就盡快認清事實、重整旗鼓，接著再努力去抓住其他機會。

我們所說的「法律意識」，指的並不是死也不要遭受損失的「法律使用意識」，提到這些，突然有種化身法律專家的感覺。在韓國的法律中，存在著上位法與下位法之分，當兩種法律產生衝突時，會優先適用所謂的上位法，也就是「上位法優先定律」。率先考慮更高的價值與信念，這可以算是法律之間共同的約定。

「社會生活情緒法」也可以此類推。和「能力佳但合作困難的人」比起來，「能力稍差但共事愉快的人」就等同於上位法，在職場上能夠發揮更大的力量。或許就是基於相同的原因，才會有「資歷查核」（reference check）這樣的評價機制存在吧？

別成為一位精神貧窮之人

我任職的醫院位於江南的市中心，或許是因為這個緣故，經常會在診間遇到一些極力干涉子女人生的家長。雖然不能以偏概全，但在這之中有不少父母會以「經濟支援」當藉口，把自己的願望投射到子女身上，強行扭轉孩子應該走的人生道路。例如不斷為面臨就業難關的女兒介紹相親對象，將女兒的未來限制在「妻子」的角色上。

如果真的選擇接受父母金援，女兒很可能會在沒有認清自我的情況下，就按照父母之意做為某個男人的妻子而活。這類型的家長通常會為自己辯解：「哪個父母不希望孩子好？都是期盼他們可以過得更好才那樣建議的。」不過，對此我的想法有些不同。

非自願性的選擇或是父母有意無意的強迫，最終都等於是送給子女們一段「假面」人生。雖然表面上看起來光鮮亮麗，但是內心卻始終空蕩蕩的，過著彷如裝飾品一般的生活。

為了獲得自己想要的事物而侵犯子女的內心領域、在情緒上施加壓力的父母意外地多，如果想要擺脫這種操控，由自己來主導人生的話，身為子女就必須事先決定好「父母得以介入的程度」。

・**設定可介入範圍：**自己的人生可以允許父母介入到哪裡？
・**設定可介入程度：**願意聽從父母之意到何種程度？

目前與父母同住的慧洙已經踏入職場一年，因為還沒準備好在經濟上完全獨立，所以至今仍居住在父母家中。不過，近來弟弟突然決定要結婚，自己必須把房間讓出來。弟弟與弟媳預計六個月後會外派到其他國家工作，因此他們不打算另外置辦新房，決定暫時寄住在父母家。

父母考量到女兒與新婚夫婦同住一個屋簷下可能會尷尬，因此建議她另外再去租一間房子。平時就嚮往可以自己搬出去住的慧洙欣然接受，決定搬到公司附近的一間商住兩用房。而問題就是從這裡開始產生，一直以來都對慧洙的豐腴身材感到不滿的母親，以代為支付押金與月租做為交換條件，要求她進行減重計畫。

解決問題的主體應該是「我」而不是「他人」

「醫師，我真的可以穿得下這件衣服嗎？」

在慧洙展示給我看的手機照片裡，有件一眼看起來就很高級的名牌兩件式套裝。慧洙搬進商住兩用房的那天，媽媽送了這件套裝給她當作喬遷禮。

「醫師，我如果要穿這件衣服，大概要減個十公斤以上才行。」

「媽媽有說希望你什麼時候穿上這件套裝嗎？」

「送弟弟和弟媳出國的那天。我們約好了當天全家人一起到機場送行。」

「那是什麼時候呢？」

「兩個月後。」

又不是運動選手，一般人要在兩個月內減重十公斤根本就是天方夜譚。除非是高度肥胖或是以極端的方式進行減肥，否則幾乎不可能達成，更何況這個目標是母親的期盼，並非是慧洙心甘情願。

假如慧洙自己也表示「想瘦下來穿穿看那件漂亮套裝」，把母親的期待轉換為自身願望的話，那麼就還算說得過去。因為不管出發點是什麼，這個目標都算發揮了積極正向的鼓勵作用。不過，慧洙本人對減重並沒有太大的熱情，而偏偏在所有難題當中，減重問題是他人無法代為解決的，只能靠自己身體力行。

由於我擅長的領域主要在飲食障礙及肥胖，因此遇過不少有相關煩惱的來談者，我總是會對他們這麼說：「增胖與減肥的成功與否，沒有一刻不是取決於自己。因此，他人所提議的增肥與減重，其實力量有限。」經常有把減肥掛在嘴邊，卻只有眼睛在運動的人問我：「為什麼都瘦不下來？」那是因為當事人根本沒有想要減肥的決心。很少有問題會像減重一般，旁人能提供的幫助十分有限。

決定父母介入的程度

就我來看，慧洙在各方面都建立了良好的自我認同，是個很健康的孩子。她甚至會用「所謂的社會生活，似乎就是讓我意識到世界不是為了我一個人運轉」這樣的話，來表現自己已經更上一層樓。

當孩子們發現無理取鬧再也行不通時，才是真正在成長之路上又往前邁進了一步。大人們也是一樣，只有意識到自己在社會生活中僅能掌控的事物時，我們才會變得更加成熟。面對如此健康的孩子，媽媽未經思考就去刺激她的弱點，讓已經成年的慧洙產生幼年時期必須服從父母的義務感，這樣的母親實在令人不敢恭維。

在自我認同形成的過程中，必要的決策或合理的信念遭受阻礙，這樣的情形被稱為「認同遲緩」（identity moratorium）。慧洙在實現自我認同的階段，因為媽媽的妨礙導致退步，所以必定會陷入混亂狀態。明明正逐漸體會成為大人的樂趣，但是又突然被降級為必須看媽媽臉色、徵求同意的孩童身分，慧洙怎麼可能會不困惑呢？

與經濟獨立同樣重要的「情緒獨立」

隨著母親施加的情緒壓力愈來愈大，慧洙在不知不覺中將極為個人、隱私的部分，像是減重問題等等，一下子全都開放讓父母得以介入。如此一來，現在就只剩下一個關鍵了：「願意聽從父母之意到何種程度？」必須把父母可以干涉的程度訂出來。

再重新整理一下情況吧。慧洙的母親希望女兒減肥，而慧珠本人也感受到了減重的必要性，但是她不打算在兩個月內強迫自己減掉十公斤。而且最重要的是，慧洙想自己決定要在什麼時間點穿上媽媽送的套裝。

最終，慧洙決定接受母親減肥的要求，但減重的過程和時間要由自己來定，釐清了願意接受父母的意見到何種程度。接著，慧洙立刻向母親表示：「我會開始減肥，但是穿上那件套裝的時機我想自己決定。」母親也欣然接受女兒的提議，對她在減肥方面的意志力表現出信任。

慧洙透過協商找回了減重之事的主導權，體驗到「自我效能感」的滋味。所謂的「自我效能感」，指的是相信或期待自己不管在何種情況下，都能以自身的能力去解決問題。自我效能感低落的人，很容易對自己解決問題的能力產生懷疑，且如果類似情形反覆出現，也會喪失掌握狀況或自我控制的能力。唯有恢復對狀況和關係的控制權，才能產生解決問題的意志和動力。

不能因為正在接受父母的經濟援助，就將自己情緒方面的支配權一併交出去。當然，這裡的意思也不是只要從父母身上獲取經濟利益就好，而是應該在訂出「父母可干涉的範圍」與「我願意接受的程度」後，慢慢地在經濟和情緒方面做好獨立的準備。

情緒上的獨立和經濟獨立同樣重要，如果兩者有其中一項未能達成，就無法成為一名以自己的力量傲然挺立的真正大人。唯有逃離父母的情緒勒索，重新找回自律性，我們才得以真正地長大成人；如若不然，就只是空有成年人的軀殼，在情緒方面還是像個孩子，很容易淪為一名精神貧窮的人。

對他人而言沒什麼大不了的事，為什麼對我來說這麼難？

我們都很清楚，一段關係的基礎就是所謂的「Give & Take」，但似乎不知道「禮尚往來」其實也有種類之分。

首先，來看看大家所熟知的「意識性的 Give & Take」。顧名思義，「意識性的禮尚往來」，指的是付出多少就回收多少，最具代表性的例子為戀人或朋友生日時，自己送出價值多少的禮物，就會期待對方在自己生日時也回贈等值的東西。

第二種是「無意識的 Give & Take」，一般出現在看起來不會刻意計較利害得失的關係裡，最具代表性的例子就是父母和子女。

父母無意識地表現出「我把你養這麼大，所以你也不應該辜負我的期待」，相對的，子女有時候也會覺得自己虧欠含辛茹苦的父母，因而顯露出補償心理。

當然，後者通常會產生更多的矛盾，因為父母在無意識中表現出來的期望，子女大部分都無法馬上實現。其中最具代表性的，就是希望子女考上名校、就業、結婚等等，當這類的問題浮上水面時，家中就會有很長一段時間瀰漫尷尬的氣氛。

如果只要單方面享受經濟支援的話，該有多好？但實際情況並不如想像中幸福，最好的例證就是與父母同住的人經常會問：「我到底還要向父母伸手到什麼時候？」我想，這個問題更精確的表現應該是：「做為經濟援助的代價，我到底還要聽從父母的話到什麼時候？」因為父母所提供的金錢補貼，往往附加了「情感暴力」、「情緒勒索」等當作利息。

光是「存在」就已彌足珍貴

父母將社會結構上的問題歸咎為個人不夠努力，甚至還責備子女「沒有毅力」、「不夠拚命」、「缺乏欲望」等，把子女一路以來的付出變得微不足道。如果追求自己的夢想，就會被批評「好高騖遠」；倘若就此與現實妥協，又會被貶低成「年輕人沒有野心」。

「你到底想怎樣啊」、「隨便找個地方上班吧」、「隔壁那個誰誰誰都已經當上小主管了」，明明是父母先踩到引線，但子女發出警告表示：「我自己會看著辦」、「不要管我」的時候，父母又會回過頭來諷刺：「反應老是這麼激烈，那些有出息的孩子都對父母很孝順……」

得不到摯友與家人的理解——沒有什麼比這件事還要更悲慘、更孤獨的了。

兩年來屢屢求職失敗的炯錫，目前處於自暴自棄的狀態，他很想成為受歡迎和喜愛的存在，但現實是自己就像用盡的乾電池一般，有種被眾人厭棄的感覺。

因為那些原本為他加油打氣的叮嚀，變成了擔心憂慮的催促；期待與鼓勵的目光，也逐一轉成了灰心失望的視線。

「醫師，對他人而言沒什麼大不了的事，為什麼對我來說這麼困難？」

他看起來光是活著就很疲憊。

踏出「開始」的第一步

前文曾經提到關係的基本是「Give & Take」，單方面享受他人的付出看似既輕鬆又美滿，但實際上非常地尷尬難受。弗里茨．海德（Fritz Heider）用「認知一致性理論」（cognitive consistency theory）解釋了這種情況。被稱為「認知平衡論」的這項學說，是指人在親密關係中會有保持平衡的傾向。

假設你從朋友那裡獲得了什麼，不管是金錢、禮物，還是心意也好，都會產生要從其他方面回報對方，以維持關係和諧的心理。Give，即給予的人，通常沒有後續的情感需要處理；Take，即收取的人，一般會有「啊，這個禮物讓人有點負擔，以後該如何回禮呢？」、「對方是不是期待我做什麼回報？」、「不太喜歡這個禮物，該怎麼處理好呢？」等後續的情感必須消化，其實相當疲憊。

父母與子女之間的關係也脫離不了這個公式，如果成人之後還是一直仰賴父母的經濟援助，那麼子女在無意識中會因為「Give & Take」的迴路而產生負債感。因此，曾經有問卷調查結果顯示，求職者在順利就業後想做的第一件事，就是「包紅包孝敬父母」；同樣的，在被錄取時第一時間想通知的人，也是自己的雙親。甚至還有一位受訪者表示：「在我待業期間，從物質和心靈兩方面不斷給予支持的父母，我想和他們一同享受這份榮耀！」發表了像在電影節時才會出現的得獎感言，真是不可思議！

炯錫的情況也不例外。媽媽希望可以看到兒子掛上識別證出勤的模樣，而炯錫的願望也和母親相同。然而，就像大家所知道的，他沒能滿足母親的期待。如果像這樣遇到真正的自己與期望的角色不一致，無論是誰都會感到深沉的倦怠與憂鬱。

將如同吉他弦般鬆懈的日子，以自己的方式重新規律化

炯錫現在可以馬上著手改變的，就是將自己從「兒子」的角色轉換為「室友」，雖然在生活費和居住空間上獲得了父母支援，但必須懂得反過來思考，自己其實也能夠為父母付出。例如打掃家中環境、負責整理資源回收，甚至是每天早睡早起，讓父母看到自己規律生活的模樣也很好，這些行為都有助於恢復彼此已經瓦解的信任。

當日子如同鬆掉的吉他弦般倦怠時，重新將生活規律化在心理方面也會產生助益。就算是打掃也不要漫無目的地進行，而是要訂立計畫：週一灑掃陽台、週二擦拭玄關、週三刷洗浴室、週四清潔流理臺、週五整理衣櫃，配合日程表規律生活的話，自我效能感也會再次得到充電。如果去圖書館，可以週一看人文書、週二閱讀經濟類書、週三欣賞散文作品等等，為每天的行程做細部規畫，

如此一來，就能感覺到停滯的人生開始步入正軌。此外，排定日程的關鍵在於「個人化」，大眾的方式或他人的標準都不重要。

美國相當受矚目的新世代心理學家彼得・霍林斯（Peter Hollins），曾在自己的著作《突破舒適圈的科學方法》（*The Science of Breaking Out of Your Comfort Zone*，暫譯）中提到：「在安全領域之外，經常會感覺到自己無能為力，並且難以控制整體局面。如果能將一部分的情況個人化，就能意識到自己在安全領域之外至少還擁有某種權限。」將部分的情況個人化，藉以擁有自己的權限（即控制權）十分重要。

「控制」指的是根據一定的方針或目的，對行為進行限制或制約，也是預防危險或突發狀況的最佳方法。此外，「控制」更是決定「該做的事」和「不該做的事」的明確基準點。喪失自我控制能力之人最辛苦的地方，就在於難以區分什麼事該做、什麼事不該做。

現在，就讓我們來思考看看吧！我能夠控制和難以掌控的事情是什麼？眼下什麼事情應該要做、什麼事情不應該做呢？如果能夠明確區分以上兩者，人生必能變得更加清明。

脫離既定路線，再次啟程探索

二〇二〇年，韓國經濟論壇發表了一篇〈韓國人之幸福指數研究〉，該研究結果指出，若以滿分一百分為基準，韓國人的主觀幸福指數為五十五・九五分，呈現出「整體幸福感偏低」的情形。其中三十多歲的人為五十五・二三分，二十多歲的人為五十二・六四分，在各年齡層中幸福指數最低。進行這項研究的專家們指出，年輕人覺得自己不幸福的原因，在於「對未來的不確定」。

我在診療室中遇見的來談者們，在面對不確定的未來、意想不到的難關、不可抗力的情況或是盲目的挑戰時，也會感到異常地焦慮。我很少提到自己的故事，但有時想著或許我的經驗可以幫到對方，就會小心翼翼地嘗試與來談者分享。因為擔心這會成為另一種形式的「倚老賣老」，所以我在提起之前，都會徵求對方的諒解。

一湧而上的欲望，難以抵擋的迫切渴求

在我三十歲出頭時，亞洲發生了金融風暴，而我家也在那年遭受直接性的重擊。爸爸的公司規模小而健全，但在那次的IMF事件中也面臨倒閉，原本一直是我精神支柱的爸爸大受衝擊，最後更因病過世。就這樣，我在一夕之間成為了一個家的家長。

我的夢想是成為教授，但若要實現這個目標，就必須先在大學附設醫院裡擔任研究醫師（fellow）。當時研究醫師的薪資難以負擔家計，所以即使母校向我提出邀約，最終我還是放棄了邁向教授之路。那時的我為了生計問題焦頭爛額，根本沒有多餘的心力去顧及所謂的夢想或未來。

不久後，我在一家私立醫院擔任專職醫師展開了職場生活，踏上沒有任何保障的不安與未知之途。每天的我都想著「只要撐過今天就好」，早上出門上班，然後一直忙到深夜才回家，就那樣日復一日地咬牙苦撐。

隨著時間流逝，醫院已經在一定程度上站穩腳步。或許是衣食住的需求已能獲得滿足，身為基督徒的我，突然湧起想進一步攻讀神學的欲望。從二十多歲時開始，鑽研神學就一直是我的夢想，而此時那股渴望就像突然爆發了一樣，強烈到我難以用理智去控制或壓抑自己。那時候的我瞬間明白了，人生在世，不是由我去選擇目標，而是夢想和目標會在對的時間找上門。

在我領悟這個事實的當下，全身的力氣彷彿一下子被抽乾。就像是我明明從來沒有偏離過自己應該要走的路，但導航卻不斷發出訊息警告我：「你已脫離既定路線。」

該怎麼辦呢？既然偏離了路線，那麼就只能再次重新探索。最後，我決定到美國的一間神學研究所留學，並將自營的診所暫時收掉。因為這個決定太過突然，周邊的親友紛紛對我投以擔憂的眼光。「因為基督教的關係而退出嗎？」、「醫院經營得很好，不覺得可惜嗎？」、「回來之後要重新開業不容易吧？」這些問題刺激著我的不安。

如果我是為了攻讀佛洛伊德的精神分析，或是進修榮格的分析心理學而出國的話，或許就不會收到這些提問。在他們眼裡，我可能就像是個追尋海市蜃樓的夢遊者，做出的行為也可能被認為十分幼稚。不過，我的決定並非為了逃避現實，而是清楚地意識到「非現在出發不可」，是過度「延期償付」（moratorium）所導致的結果。

平息焦慮與恐懼的方法

「延期償付」原本為經濟用語，意思是「寬延付款期限」，而這個詞最近也被用來形容年輕人從大學畢業後，盡可能推遲就業時間的心理狀態。即使他們已經具備了履行社會義務的能力，卻依舊想方設法延長自己的青少年期，因此，這些拒絕長大的人也被稱為「尼特族」。

當然，有些人是為了逃避現實而將「延期償付」當作一種手段，不過我在診療室碰到的多數案例，都是為了追尋自己真正想要的生活而延遲就業時間。他們刻意延長青少年期的理由大致可分為兩種：第一，需要自我確信；第二，想將夢想具體化。前者在延期償付的期間，會專注於尋找自己想要什麼、做什麼事會感到幸福；後者則會透過學習適合自己的新科目、挑戰募集活動或是籌備創業資金等方式，努力尋找社會自我。

有些人說二十歲、三十歲世代只追求「安逸的選項」，但其實我從來沒看過哪一個世代像他們一樣，縝密地為將來做準備，或是如此迫切地追尋社會自我。雖然他們比任何人都還要真心，但是卻因為不安的未來而對自己的決定缺乏自信，這點不禁令人感到惋惜。因此，有些話我很想對這些人說：

如果為了夢想而推遲進入社會的時間，但是又總是對自己的選擇心存疑慮，那麼就先暫時停下來吧！「選擇這條路之後，若不順利的話該怎麼辦？」、「如果按兵不動還可以處於中段位置，現在這麼做會不會太有勇無謀？」倘若對自己的選擇不是確信而是感到懷疑，就應該回頭檢視一下目標，想想自己是不是因為被時間追趕，在情急之下才不得已走上這條路。

問問自己：「在往後的一年、甚至是三年裡，能夠專注在這條路上嗎？」如果從內心深處傳來的答案是「YES」，那麼準備就已徹底完成，且到了這種程度的話，無論身邊之人再怎麼阻攔，自己也絲毫不會動搖。當時的我僅僅對留學一事難以下決定，但對於順利運作的醫院，我只花了不到一天的時間就放棄。像這樣無法控制外在情況時，就要懂得放鬆自己，採取順勢而為的戰略。

對未知的將來感到不安與焦慮時，平息內心最好的方法就是將事情具體化、現實化，哪怕只是很微不足道的小事。在這片刻時間裡，將自我與他人的判斷、評價等拋諸腦後吧！羅列徵稿單位的名單、積極活用募資網站、打聽創業補助金等，透過這些方式，社會自我將變得更加清晰，也能夠在對未來的恐懼中理出具體可行的計畫。

Chapter 5

不好意思，請不要越過那條線！

feat. 為需要信心的你準備的心靈處方

此時此刻，我們應該重新思考人生的優先順序，整理出自己究竟想在美乃滋罐裡放進哪些高爾夫球。每當提起這個話題，大部分的人都會反問：「連明天都難以預測了，哪有辦法想到十年後呢？」

很多時候現實愈是艱難，想想十年後的自己反倒更有幫助。你期盼生命迸發出何種驚喜呢？為了創造奇蹟，又得先在人生的美乃滋罐裡裝入哪些事物？

「嫌惡」絕對不會成為我們的救贖

是否有聽過「自殘認證」、「自殘SWAG」這樣的詞呢？最近在青少年之間，自殘上癮、自殘衝動就像流行一樣，透過社群媒體迅速蔓延。雖然很難理解，但是對他們而言，「自殘」就是一種消除壓力、鬱悶與不安的「自我破壞遊戲」。

過去是因為想自殺才會自殘，但最近許多人在沒有自殺意圖的情況下，也會直接、反覆地毀損自己的身體。像這樣享受「非自殺性自殘」（non-suicidal self-injury）的人逐年增加，且增長的速度之快，在不久前甚至還有名為「自殘學會」的組織成立。該學會將非自殺性自殘定義為：「在自己的身體上製造非

	非自殺性自殘	企圖自殺
自殺意圖	無	有
情緒狀態	因為急遽的憤怒、失望等，處於無法忍受的痛苦當中	偶爾會顯得衝動，但大致處於慢性的絕望與孤獨之中
傷害程度	咬傷、劃破或燙傷皮膚等，大多是較不嚴重、不會造成性命危險的行為	多有服藥、上吊、跳樓等嚴重而致命的行為
認知	覺得痛苦但仍存有希望	處於深沉的絕望與無力之中，認為問題不可能解決
頻率	經常反覆地傷害自己	有反覆試圖自殺的危險，但頻率較低
結果／影響	安心、鎮定，痛苦暫時減少	挫折、失望、苦痛增加

＊非自殺型自殘的特徵

致命性傷口，或是藉由使自己痛苦的行為來降低心理煎熬。」換句話說，非自殺性自殘是企圖透過傷害自己來減輕心理上的痛苦，與自殺有著明確的區別。

專家們將非自殺型自殘的原因，大致歸類為以下四種：

第一，得不到自己想要的東西時，為了獲得情緒上的安定而採取的行為；第二，為了緩解不安、憂鬱、恐懼等負面情緒的行為；第三，為了爭取周遭之人的支持與關心；第四，為了擺脫強加在自己身上的義務、責任與壓迫等。

若仔細分析這四個原因，可以歸納出一個結論——想要活下去。他們並不是想死，只是不想活得像現在一樣。歸根究柢，自殘是為了從醜陋惡劣、支離破碎的現實中逃出來，體現的是想要將人生重置的欲望。

世界上最壞的朋友

從小就處於優勝劣敗的競爭體系中，因未能成為主流而走上非主流道路的恐懼、不能滿足父母殷殷期盼所招致的罪惡感、以及沒能成為團體中受歡迎的人物，只能獨來獨往的挫敗感等，會讓孩子們產生自我嫌惡（self-loathing）與自我憎恨（self-hatred），而這樣的想法，也會讓他們把自己視為「應該受到懲罰」的對象，最終演變成自殘的刑罰。

曾經有位來談者表示，自殘是為了不要遺忘當下的煎熬，而把「痛苦刻在自己身上的行為」，就像是證據一般。也有一位來談者透過自殘相關社群發現和自己相似的人們，因此感到相當安慰。甚至有人如此形容：「在看到物理上鮮明的傷口時，模糊的情感才逐漸變得清晰可辨。」也就是說，他們選擇用非自殺性的自殘行為，來做為感受自己真實情感的道具。

自殘難道僅是青少年才有的問題嗎？其實並不盡然。三十五歲的韓民也因為自殘上癮而來到診療室，雖然已有某種程度的預測，但是他果然也和其他人一樣，無法明確地理解自身情感。

「我不知道，我不知道自己為什麼會那樣……」

「我不知道，就只是很想死而已。」

韓民不斷地強調不曉得自己為什麼會那麼做，我從他口中能獲得的資訊並不多。也是，在憤怒與恐懼驅使下做出的自殘行為，他又能怎麼解釋呢？

目前的韓民患有割腕症候群（wrist-cut syndrome）。所謂的「割腕症候群」，指的是用鋒利的道具反覆劃傷自己身體的行為。

相當諷刺的是，韓民之所以會罹患割腕症候群，原因竟是來自於母親的關愛。國中時期的他看著母親徹夜照顧生病的自己，突然覺得「如果我的身上出現讓媽媽看得見的傷口，就能一直獨佔這種關心與愛了吧」，於是在不久之後，他便開始將自己的想法付諸實行。

和自己預想的一樣，韓民剛開始的確受到了母親莫大的關愛，但是這樣的愛並未持續太久。對於習慣性自殘的孩子，又有哪個母親能用無限的愛給予關懷呢？結果，韓民現在與媽媽呈現斷絕往來的狀態。

對於這類型的人而言，自殘是撫慰孤獨的最佳方法，也是將如線團般糾結的情感表現出來的最佳手段。對他們來說，「自殘」是能夠理解並接受自己黑暗面的唯一朋友——不，應該說是世界上最糟的損友。

若想解決這個問題，應該要把焦點放在自殘的「理由」上，而不是自殘的「行為」本身。首先，要找出為何感到痛苦，又是因為什麼理由而想懲罰自己，如果忽略了問題的根本只專注在細節的話，就會反覆陷入「自我厭惡→壓力→自殘」這樣的惡性循環。

在自己身上刻下痛苦印記的人們

這種無聲的吶喊也會出現在其他動物身上。例如動物園裡被困在籠子中的動物，有很多會在同一個位置上不停繞圈圈、用頭去磨蹭牆壁，或是拔自己身上的毛等，重複著「刻板化行為」（stereotyped behavior）。所謂的「刻板化行為」，指的是沒有特定目的，反覆進行某一動作的行為。

而靈長類動物的情況更加嚴重。據一項實驗結果顯示，猴子在離開已形成情感紐帶的群體時、和心愛的伙伴分別時，都會承受非常大的壓力。牠們會跳上跳下地亂竄以表達自己的不安，淒厲地哀求以至於把喉嚨都哭啞，並且用無神的雙眼拒絕進食。若最終還是得不到自己想要的東西，牠們就會開始用自殘的方式來緩解焦慮。

連動物都會出現這樣的行為，更何況是人類呢？當人們再也無法承受痛苦時，就會開始在自己的身上留下傷口，出現「刻板化行為」。

對那些在自己身上刻下痛苦印記的人來說，「意志薄弱」、「軟弱不堪」、「到底有什麼問題啊」之類的話都沒有任何意義，特別是最後一個問題，意思幾乎和「其他人都沒事，為什麼只有你如此敏感？」、「明明就沒什麼問題，為什麼要徒生事端？」、「你的想法錯了」等沒有兩樣。如果周圍有會傷害自己的人，不要急於敦促或開導對方，應該要鼓勵他去接受專家的協助。

每個人都立於分界點上

此外，更重要的是，我們必須懂得傾聽對方「想死」的理由。如同前文曾經提到過的，他們不是想尋死，只是不想活得像現在這樣。他們想從憂鬱的泥淖中逃脫，但是輕舉妄動的話，脖子反而被勒得愈來愈緊，讓人動彈不得，彷彿快要窒息。於是，他們只能拚命地呼喊求救，拜託能有人來救救自己。

每個人都站在所謂的分界點上，因此，人類總是徘徊於正常與非正常、主流與非主流、主動的人生與被動的人生、嫌惡與關愛、生存與死亡等某條線上。雖然社會經常形容站在分界點上的人很尷尬，或是稱他們為「灰色地帶之人」，不過，這些人其實反而更有可能藉此同時看清左右、上下兩個世界。因此，千萬不要因為自殘就貶低、放棄或是厭惡自己。

「嫌惡」絕對不會成為我們的救贖。

香蕉怎麼會煽動性犯罪？

不久前我看到一篇有趣的報導，某位高中教師因為懷孕與分娩的系列課程，準備教導學生「如何正確使用保險套」。為了實際練習操作，老師請學生們帶香蕉及保險套來學校，但得知此事的家長們接二連三地表達抗議，導致課程最後不得已只好取消。順帶一提，這間學校是男女合校。

雖然負責的教師對此表達立場：「避孕也是課程內容的一環，孩子們需要練

習如何正確使用保險套，學生們也希望學到這樣的資訊。」但部分家長表示「這種教學可能會助長性犯罪」，拒絕了該課程的實施，於是該名教師最終未能順利推動性教育。

是保險套的問題，還是香蕉的問題呢？或者是在十幾歲時就發生性關係的孩子們有問題呢？父母總認為「就算別的孩子會那樣，但我的孩子絕對不可能」，問題出在這種美好的幻想嗎？而且，香蕉究竟是從什麼時候開始，變成會煽動性犯罪了？

對男人而言最有魅力的女人，就是今天初次見面的女人

娜賢在十幾歲時與交往的同齡男友首次發生了性關係，而目前已經成年的她，經常透過約會軟體與網友見面並享受一夜情。娜賢喜歡性愛但是不想談戀愛，喜歡男人但是討厭愛情。

有人說：「對男人而言最有魅力的女人，就是今天初次見面的女人。」娜賢

可以說將這個公式活用得恰到好處。她選擇和初次見面的男性發生關係，理由在於「感受到了無微不至的照顧」、「覺得對方把自己當作很珍貴的人」。當然，在這之中也會遇到態度隨便的渣男，但絕大多數的男性不會讓她感到孤單。

身為獨生女的娜賢因為父母皆外出工作，從小她大部分的時間都是自己一個人度過。不知基於什麼原因，學生時代的娜賢未能與同性朋友建立良好關係，而率先向落單的她伸出援手的，則是男性友人。

雖然無從知曉對方究竟是單純想給予安慰，還是心懷不軌地刻意接近，總而言之，與他人幾乎斷絕往來的娜賢，和這個世界連結的窗口可以說就只剩下了「性」。最終，她開始用性愛來回報那些對自己付出關懷的人。

「上癮」的另一個名稱是「缺乏」

西格蒙德．佛洛伊德認為「性」不僅僅是人類的本能，也不單純地用執著或愛戀的角度來解釋。他認為「性」是解決人類各種問題的關鍵，而對性的痛苦經驗則會導致精神疾病。

即使不借助佛洛伊德的分析，我們也可以知道在娜賢身上「性」不單單只是做愛而已。對她來說，性是自己與世界連結的紐帶，同時也是滿足自己渴望被完整接納的媒介。我在診療室遇見過許多與娜賢相似的人，他們為了消解自身的空虛、無力、絕望與失落感等，不斷地找尋新的對象。一般人通常藉由關係的親密性與安定感來證明自我存在的價值，相反的，他們則是試圖透過實際的性愛來填補自身的缺乏。

「上癮」的另一個名稱叫做「缺乏」。就像眼前的大海一望無際，但是海水卻無法飲用一樣，不管與多少人發生性關係，只要自身的缺乏沒有被滿足，問題就難以徹底根除。當然，這種情況不只出現在娜賢身上。

我在診療室裡曾碰過另一位二十歲版的娜賢，她透露自己對初次性經驗感到羞恥，也對父母懷有罪惡感，更因為性關係的發生與自己期待的不同，為此陷入糾結。當然，我也遇過另一位三十歲版的娜賢，她抱怨自己在生產後就與老公過著無性生活，比陌生人還要不如的關係讓她深感痛苦，而且在與老公做愛的過程裡她從未獲得滿足，覺得自己到死之前都不曉得何謂性高潮的話，不是太委屈了嗎？此外，我更遇過四十歲版的娜賢，她夢想擁有一段像電影或電視劇般轟轟烈烈的戀愛；五十歲版的娜賢則是渴望趁早擺脫「某人的妻子」、「某人的媽媽」之類的頭銜，單純做為一名女性獲得認同。每當我遇到這些人，腦海中就會浮現「性自主權」這個詞。

在有意無意強調純潔的重要性、強迫女性要被動以符合傳統婦女形象的社會裡，光明正大表現出自己的性慾並不像嘴上說得那麼簡單，就連英國的女權主義代表作家維吉尼亞·吳爾芙（Virginia Woolf）也坦言：「單純從肉體的角度，如實陳述自身經驗仍是件很困難的事。」

「我不想做……」，所謂的性自主權

「性自主權」指的是在沒有任何人強迫或支配的前提下，根據自己的意志和判斷選擇發生性關係之對象的權利。根據韓國現行的法律，滿十三歲之人有權與合意的對象發生性行為，同樣的，他們也有權利堂堂正正拒絕自己不想要的性關係。

近來由於大大小小的社會議題，關於性自主權的討論相當多，而這個詞最重要的核心，就在於決定一切行為的主體是「我自己」。也就是說，不能因為擔心對方會丟臉、受傷，害怕對方無法滿足會轉身離去，或是自己有可能因此蒙受損失等等，就在不情願的狀況下同意與對方發生性行為。

至今為止，如果從來都沒有思考過「性自主權」這個議題，希望你能藉此機會好好地省視一番。但願透過這樣的思辨，能夠讓你享有安全的性生活、感受到全然的滿足，且最重要的是，要讓自己成為做決定的「主體」。

和認為香蕉會助長性犯罪的人生活在同一時代的我，竟然在談論性自主權的重要性，大概沒有比這更荒謬的鬧劇了吧？順帶一提，某些人覺得香蕉會助長性犯罪，那種想法我絕對難以苟同。啊，當然這也是我單純從性自主權衍生出的觀點，希望大家不會產生誤解。

減肥真的可以解決所有問題嗎？

有句話說：「有人從來都沒有減過肥，但是卻沒有人只減過一次肥。」如今坊間流傳的訊息多不勝數，連身為醫師的我，也經常從來談者口中聽到新的減肥情報。不過，問題就出在資訊的正確性。

每回碰到來談者初次到院看診，都要花很多時間糾正他們的錯誤觀念，其中最具代表性的就是與食慾抑制劑處方相關的內容。很多人會表示自己想改善暴食症，質疑「為什麼不開食慾抑制劑呢？我就是為了那個處方才來的……」但有些資訊我一直想對他們說明。

暴食症的三種類型：強迫型、衝動型、情緒型

美國精神科醫師丹尼爾・亞曼（Daniel G. Amen），將暴食症分為三種類型。

第一，強迫型暴食症。這類型的人幾乎隨時隨地嘴裡都塞有食物，對罹患飲食強迫症的人來說，食慾抑制劑也很可能變成一種「必須吃進肚子裡的食物」。因此，醫師通常會用血清素藥物取代食慾抑制劑，進行治療。

第二，衝動型暴食症。這類型的人雖然平日飲食適度，但只要一受到壓力就會暴飲暴食。在對神經傳導物質多巴胺成癮的情況下，除了暴食症之外，可能還會有無力症或輕微的 ADHD 等症狀伴隨著出現。建議符合此類型的人應該制定飲食計畫（meal planning），並且按照計畫表進食。除此之外，也要避免含有部分食慾抑制劑的芬他命（Phentermine）的刺激。

第三，情緒性暴食症。這類型的人同時具有強迫型與衝動型的特徵，舉例來說，在情緒因為日照量的變化而受到波動時，他們就會產生情緒性的暴食行為，特別是在黑夜變長的冬天，暴飲暴食的情況格外頻繁。

然而，在這種情況下也不會開立食慾抑制劑做為處方，對於情感過剩進而引發暴食行為的人來說，使用可能會伴隨不安、憂鬱等情緒變化的藥物相當危險。此外，他們所期盼的芬他命、苯雙甲嗎啉（Phendimetrazine）系列的藥物，不僅抗藥性強，也因為具有成癮性而被列為管制藥品。

寫到這裡，我想大概已經足以回答「為什麼不開食慾抑制劑」之類的疑問。食慾抑制劑並不是減重的萬能鑰匙，且從來就沒有只用食慾抑制劑就可以解決的肥胖問題。

排除刺激食慾的不安因素

平日連一餐都沒有按時吃，但到了週末就把整週分量一次吃完的泰熙，患有情緒暴食症。她任職於某間航空公司，雖然職務已從空服員調換為地勤，但是她依然沒有擺脫搭飛機時的習慣。

從空服員轉到內勤的職位時，泰熙最擔心的就是活動量。據說她因為害怕體重產生變化，平時三餐都沒有按時吃飯，因此每逢週末她的食慾就會一次爆發，甚至到了把冰箱所有食物都吃進肚子裡的地步。目前泰熙的體重是五十八公斤。

「我的體重竟然到了五十八公斤，這種事根本不應該發生。我要趕快減回原本的四十八公斤。」

「如果想達到目標，就得先控制自己的情緒起伏才行。」

泰熙若想要如願減重，首先必須控制會刺激食慾的情緒起伏。但遺憾的是，在她身邊充滿了許多刺激情感的要素，而第一個原因就是健康。泰熙從空服員轉為地勤的理由是椎間盤突出，但她至今尚未恢復到正常狀態。第二個原因是他人的視線，當她表示自己在「航空公司上班」時，人們都理所當然地認為「應該是空服員」，這樣的刻板印象讓她倍感壓力。最後一個原因則是同事，每當看到身材纖細的同事們出發執行飛行任務時，泰熙總是掩蓋不住羨慕之情。

丹麥著名的心理諮商師伊麗絲・桑德（Ilse Sand），在其著作《敏感得剛剛好》（*The Emotional Compass*）中曾寫道：「女人們經常戴起悲傷的高帽，其下隱藏著許多不同的情緒。」嘴饞也與此道理相似，唯有找到藏在帽子底下的真正感情，方有可能徹底地解決問題。

例如，泰熙將體重增加的原因歸咎為疏於自我管理，但這並非事實。讓她陷入情緒性暴食的不是意志力，而是自責、焦慮與剝奪感等情緒。

泰熙向我抱怨：「我真的對自己很生氣，不知道到底做了些什麼。」每天早晨，她都會站上體重計，看著沒什麼變化的數字然後在挫折感裡掙扎，傍晚時也不例外。每天夜裡，泰熙都會因為「無法再次飛行」和「體重降不下來」而感到不安與絕望，並為此輾轉難眠。

體重四十五公斤的陷阱

若要緩解泰熙的焦慮感，首要之務就是檢視她的目標體重。有很多人會不考慮自己的身高，而以大眾認為「窈窕」的數字來做為期望體重。無論身高是一百七十公分還是一百五十公分，女性大多希望自己的體重在四十五公斤至五十公斤之間。這不僅不切實際，也不是適合自己的體重數字。一下子突然變胖的人雖然很容易回到原本的體重，但一輩子都在與贅肉作戰的人，情況卻大不相同。

如果訂下現實中根本不可能達成的目標，就只會讓自己的焦慮感倍增。因此，減肥成功與否的關鍵，就在於設定出實際可能達到的數字。

其次，要懂得抑制自己的盲目想像，切勿以為體重可以滿足所有需求。減肥並不能解決一切問題，這是再清楚不過的事實。就泰熙的情況而言，即便體重回到以前的水準，只要健康狀態一日沒有好轉，就難以再次執行飛行任務。也就是說，即使體重減了下來，想要飛行的欲望也不會獲得滿足。因此，泰熙應該做的是設定其他可以取代飛行的目標。

最後，應該試著把瘦身的概念從減法改為加法。如果一直以來只集中在「怎麼做才能把體重降下來」，那麼現在就要嘗試把想法替換成：「怎麼做才能變得更健康」。

「什麼才能使我感到幸福？」

「我熱愛什麼樣的事物呢？」

「應該吃些什麼才能變得更健康？」

「我去過的哪些地方可以讓身心都放鬆休憩？」

用上述的方式，把注意力集中在讓自己變得幸福的事物上，因為快樂荷爾蒙多巴胺與血清素分泌的話，心靈會自然而然地湧起豐足感。順帶一提，多巴胺還具有刺激飽腹中樞的功能。

貪吃不是我的錯，而是腦的錯

此時此刻，本能腦（邊緣系統）與理性的腦前額葉仍不斷展開戰爭。因為正在減肥，理智吶喊著「不要吃」，但本能卻表示「我要把那個吃光」，兩者持續呈現拉鋸狀態。

因此，如果減肥的過程相當辛苦，千萬不要把錯全攬在自己身上，轉而怪罪給大腦吧！暴飲暴食大多始於大腦中樞引起的食慾問題，有些人一直進食卻仍然覺得餓，其實是因為調節食慾的大腦迴路發生狀況，這種情形一定要尋求專家協助。切忌無條件地以食慾抑制劑來解決問題，應該要利用符合自身情況的處方來控制情緒造成的飢餓。此外，也不要責怪自己居然沒有足夠的意志力可以忍住不貪嘴。

人們如果感到憂鬱或倦怠，就會想吃重鹹或重辣的食物；遇到不公平的事或者怒不可遏時，就會想找甜滋滋的點心；當孤單和空虛的感覺湧上心頭，腦海中就會浮現記憶中的飲食，藉此來撫慰心靈。此處的重點不在於食物，而是讓人想要找尋某一種飲食的主要情緒。唯有察覺到「心靈的飢餓」，也就是讓心靈變得荒蕪的某種情感，並且加以安撫慰藉，才能擺脫暴飲暴食的束縛。

先消費、後勞動：我已經結帳了，所以要開始工作

在各地巡迴演講的過程裡，有很多機會與其他領域的專家簡短地閒聊。不久前，我在一場聯合演講上，遇到了高額資產管理公司的理財專家，我們在分享各式各樣的話題時，他提到了自己與最近順利就業的大兒子之間的對話。

「就業之後花錢買車、買手錶，還四處旅行的話，哪裡有錢儲蓄呢？打算什麼時候獨立？」

「獨立？為什麼要搬出去？當然要花爸爸、媽媽的啊。」

「你說什麼？」

「總之不要肖想我的薪水，從現在開始我要存錢投資不動產，然後用那筆錢享受財富自由，那是我的夢想。」

兒子還補充道：像爸爸一樣每天過著上下班的生活，不是自己想要的人生。

希望「做得少、賺得多」

最近在診療室裡聽到最多的，就是「希望做得少、賺得多」、「想要不去公司上班，又能獲得財富上的自由」。說實話，我也想過那樣的生活，希望自己的工作可以不那麼忙碌，但又能有高額的收入。假如我不用每天到醫院上班，也能夠維持生計的話，那該有多好啊！可是，我今天依然坐在診療室裡，因為不認真經營醫院的話，沒有人會發給我薪水。

這是很重要的關鍵，我們所期望的僥倖、偶然與財富上的自由，並不會平白無故地降臨。因此，如何管理金錢就顯得至關緊要。

首先，比起眼前的金錢，二十歲、三十歲世代更需要關注的是「微觀型財富」。如果說金錢是可以直接觸摸到的貨幣，那麼財富就是對金錢的習慣，也就是「賺錢、消費、虧損、積蓄等，與金錢相關的經驗總合」。

剛踏入社會的新鮮人，每個月、每年能賺到的錢不多，而且與金錢有關的經驗也尚未充足。為了成為富翁，很多人像飛蛾一樣，一頭栽進股市與不動產市場，但真正成功的人卻只有極少數。凡事皆是如此，尤其財富更是不會落在還沒準備好的人身上。即便運氣好賺了大錢，就結果而言，金錢可能反倒成為了毒藥。因此，所謂的財富可以說是：「心中累積下來的對待金錢之態度」。

事到如今才得以坦白，其實，在與金錢有關的方面，我也經歷了多次的失誤。在三十歲出頭時，我對金錢缺乏概念，對創業也理解不深，當時獨自出來開業，結果當然可想而知。雖然我不是經濟學專家，但綜合自己犯下的失誤與在診療室中聽到的煩惱，我想試著歸納一下應該如何理解與管理資金。

首先，金錢只是通往財富的一個單位而已。意即金錢就像公車或地鐵一樣，只是邁向財富的一種「交通工具」，我們必須明確地知曉，金錢並不是我們要追求的最終目的。

曾經有一名後輩獨自成立了私人診所，在開業初期，他為自己設立「一個月要增加○○名患者」的目標，將診所的方針定為擴大客群與提升業績，甚至還去攻讀與經營相關的研究所，對此表現出莫大的熱忱。然而，不知道從什麼時候開始，患者數竟明顯地減少，還爆發了「那間診所把上門的患者都看成錢」的傳聞。

最終，他拋棄了過去「患者＝金錢」的計算方式，轉念將患者看作是「為我帶來福氣之人」。從那個時候開始，診所才慢慢地找回穩定，而且在不久之後，更成為了該地區患者數最多的醫院。

如果他沒有把自己的目標從「金錢」修改為「人」，就很難期盼能夠獲得今日這般成果。

人生的關鍵，在於花費時間與金錢的方法

其次，由於狄德羅效應（Diderot effect）的關係，當自己存了一筆有意義的錢，或是覺得自己賺了一點錢的時候，就應該立刻開啟紅色警戒。

某天，法國哲學家狄德羅（Denis Diderot）從好友那裡收到一件精緻的睡袍，這件睡袍愈看愈高級、愈看愈漂亮，讓他感到十分滿足。但是，當他把睡袍掛在牆上時，書房裡的家具不知道為什麼突然顯得破舊又寒酸。或許是因為家具老舊的關係，使收到的禮物睡袍也跟著變得俗氣。

後來，狄德羅開始物色與睡袍相稱的新家具，一件一件地填滿書房。像這樣，在擁有一件獨樹一格的東西後，就不斷購置與其相應之物的現象，被稱為「狄德羅效應」。

無論是領月薪還是獨立創業，只要賺到一定程度的錢，對生活必需品與奢侈品的質量要求就會開始提高。下定決心買了一個包包之後，發現沒有與之匹配

的服裝；在買了衣服之後，又發現需要買雙新鞋；在買好鞋子之後，目光逐漸轉移到手錶上去。碰到這種情況，穿戴在身上的所有物品都會上升一個等級。而搬家也是相同的道理，曾經有位來談者在喬遷至新居後，覺得壁紙和自己帶來的家電不搭，於是把冷氣、冰箱、電視等全部換新。

倘若發現自己身上出現了「狄德羅效應」的徵兆，一定要立刻開啟紅色警戒，然後重新檢查一次自己的消費模式。否則的話，別說獲得財富上的自由，很有可能會被信用卡債牽著走，過著分期付款的人生。

虛擬收入、未來收入的陷阱

第三，要確立「恆常所得假說」（permanent income hypothesis）。所謂的恆常所得，指的是每個月存摺上的固定收入，不包括偶爾的津貼或獎金等臨時進帳，意即要以「長期平均收入」為基準來進行消費活動。

然而，最近許多人不是用「長期平均收入」做為標準，而是拿臨時收入，甚至是根本還未進帳的未來所得當成實際收入。在診療室遇見的人當中，有不少人會說：「這次買了相機之後要去打工了。」、「上個月去澳洲旅行，信用卡帳單真的不是開玩笑的，接下來六個月好像都得去打工。」。這是自願性地選擇先消費、後勞動的型態。我再三強調，花錢消費的適當時機，不是在合約書上寫好匯款帳號、或是準備開始打工時，而是錢真正進到自己帳戶之後。

雖然青春看似永遠不會消逝，但其實這段期間最長也就二十～三十年。如果沒有預先在經濟上做好準備，剩下的五十年又要怎麼撐過去呢？就算父母有財產準備讓子女繼承，但那些錢在真正到手之前也都不屬於自己。

這裡並不是建議大家把想擁有的東西、想進行的消費都無條件延後，而是希望每個人都能根據自己的預算進行消費。最終，人生會因為花費時間與金錢的方法不同而大相逕庭，若不能好好管理以上兩者，就絕對難以感受幸福。從現在起，應該嘗試以「先勞動、後消費」的人生為目標，而不是過著「先消費、後勞動」的生活，必須正確樹立對金錢的概念。如此一來，在培養自己的「財富版圖」方面肯定會有極大的助益。

美乃滋罐的心理學

在國外的某堂哲學課上，指導教授拿出一個美乃滋罐放在講桌，接著在瓶子裡裝滿高爾夫球，然後問學生：「這個瓶子看起來滿了嗎？」學生們回答：「是。」

過了一會，教授開始在裝滿高爾夫球的瓶子裡放入小鵝卵石，接著問學生：「如何？這個瓶子看起來滿了嗎？」學生們還是回答：「對，瓶子被裝滿了。」

教授微微一笑，然後開始在美乃滋罐裡倒入細沙，學生們這次更加確信瓶子已經完全填滿。

但是，教授又在美乃滋罐裡倒進咖啡後，這才把蓋子蓋上。

「我希望各位知道，我們的人生就像是美乃滋罐一樣。在所有人的生命裡，都有所謂的先後次序。我最先裝進瓶子裡的高爾夫球，象徵人生中最重要的事物，例如家人、子女、朋友、健康、熱情等等。即使其他的東西消失不見，只剩下瓶子裡的這些，各位的人生依然是充盈且豐滿的。」

「其次放入的鵝卵石，意味著我們人生中的羈絆，像是職業、房子、車子、貸款等等；而細沙則象徵除此之外的全部事物，意指一切細瑣的問題。試想，如果我們先在瓶子裡裝入細沙，就沒有位置可以再裝鵝卵石或高爾夫球了。」

教授想要告訴學生的，是「人生裡的優先順序」。如果將這些項目圖表化後套用到自己身上，就會自然而然地整理出從未察覺到的「人生優先順序」。

然而，在實際試寫「想裝進美乃滋罐裡的項目」時，大多數人在高爾夫球的欄位裡連一個都寫不出來，只在細沙的項目裡填滿無數瑣事。這難道是因為每天夜裡躺在床上，只會擔心明天的事，卻沒有想到更遠的未來嗎？還是刺激末梢神經的娛樂太多，根本沒有閒暇去思考明天？

想裝進美乃滋罐裡的項目
高爾夫球：前途、宗教、價值觀、選擇、結婚、孩子、健康、情緒管理 **鵝卵石：**車子、居住型態、學業、運動、興趣愛好 **細沙：**整形、社群媒體、人脈、購物、人際關係中的鬥爭、海外旅行等

我想裝進美乃滋罐裡的項目	
我的高爾夫球 （十年後依然對我深具意義的項目）	
我的鵝卵石 （大約在未來一年左右對我有意義的項目）	
我的細沙 （當下對我有意義的事物）	

某本書曾經寫道：愈是富有的人，愈能享受「展望未來的權利」。這是針對「能把目光投向多遠的未來」所提出的觀點，據說只有少數擁有經濟自由的富裕人士，才得以享受如此的特權。

如果讓今天都還在為生計問題煩惱的人，去描繪十年後的自己是什麼樣子，他們只會陷入一片茫然。然而，無論是現在或是十年後，人生的重要價值並不會有太大的不同，倘若覺得前途渺茫而在美乃滋罐裡先倒入細沙，人生中最重要的「高爾夫球」就再沒有存放的空間。許多人因為沒能守住這樣的優先順序，以致於在日後自嘲人生「空蕩蕩的」、「缺乏核心」，或是「只剩下空殼」。

愛情不是驚喜，是日常

曾經有位女孩住在四層樓的老舊聯立住宅，因為覺得一家四口住在半地下室房很丟臉，所以她騙男友自己的家位於四樓。每當兩人結束約會行程、男友送她回家時，她就會避開通往地下室的樓梯，假裝走往屋主居住的樓層，因為男友總是會等到四樓的階梯燈亮了之後才離開。

女孩透過走廊的窗戶和男友揮手道別，然後獨自坐在燈光熄滅的階梯上嚎啕大哭。她討厭自己無法對男友如實相告，也埋怨自己的處境讓愛情變得廉價。

那年中秋，女孩家收到了一組韓牛禮盒，是男友寄來的中秋賀禮。男友認為女孩錯失了坦白的時機點，所以很有風度地製造一個讓她吐露實情的機會。他詢問女孩韓牛好不好吃，並緊緊握住她的手；女孩看著男友的模樣，對愛情的想法逐漸產生了變化。

「他曾經是我最討厭的男生類型，不懂得穿衣打扮，也不會製造驚喜。可是，愛情不是驚喜，是日常。」

那些微不足道的小事

在診療室中遇見的人們曾這麼說過：那些像火花一般足以顛覆自己和對方的熾熱愛戀，最終的結局都只剩我一人獨守；人生似乎可以期待達成許多壯舉，但後來才發現日復一日的生活就是全部，因此，一些微不足道的小事、無關緊要的細節，就更加讓人難以忍受；而後，我逐漸得以理解曾經抵制、辱罵過的那些前輩，然後在生活的某一天，察覺自己竟也步上長者們的後塵——這就是所謂的人生。

此時此刻，我們應該重新思考人生的優先順序，整理出自己究竟想在美乃滋罐裡放進哪些高爾夫球。每當提起這個話題，大部分的人都會反問：「連明天都難以預測了，哪有辦法想到十年後呢？」

很多時候現實愈是艱難，想想十年後的自己反倒更有幫助。意即，為了擺脫悲慘的現況，不如轉而埋首於未來的計畫，這也是能讓現實與未來兩者並存的方法。

也許令人難以置信，但那些「總有一天」會實現的遙遠夢想，必定能迎來得償所願的時刻——這樣的奇蹟也是所謂的人生。你期盼生命迸發出何種驚喜呢？為了創造奇蹟，又得先在人生的美乃滋罐裡裝入哪些事物？

國家圖書館出版品預行編目資料

不是我太敏感，而是你太過份了：設立界線 & 擴展心靈韌性，活出自己的樣子／
劉恩庭著 ; 張召儀譯 . -- 初版 . -- 臺北市 : 日月文化 , 2021.12
248 面 ; 14.7*21 公分 . --（大好時光 ; 50）
ISBN 978-986-079-583-7（平裝）
1. 人際關係 2. 生活指導
177.3　110017537

大好時光 50

不是我太敏感，而是你太過份了

設立界線 & 擴展心靈韌性，活出自己的樣子

내가 예민한게 아니라 네가 너무한 거야

作　　者：劉恩庭（유은정）
譯　　者：張召儀
主　　編：俞聖柔
校　　對：俞聖柔、張召儀
封面設計：謝捲子
美術設計：LittleWork 編輯設計室

發 行 人：洪祺祥
副總經理：洪偉傑
副總編輯：謝美玲
法律顧問：建大法律事務所
財務顧問：高威會計師事務所
出　　版：日月文化出版股份有限公司
製　　作：大好書屋
地　　址：台北市信義路三段 151 號 8 樓
電　　話：(02)2708-5509　傳　　真：(02)2708-6157
客服信箱：service@heliopolis.com.tw
網　　址：www.heliopolis.com.tw
郵撥帳號：19716071 日月文化出版股份有限公司

總 經 銷：聯合發行股份有限公司
電　　話：(02)2917-8022　傳　　真：(02)2915-7212
印　　刷：禾耕彩色印刷事業有限公司
初　　版：2021 年 12 月
定　　價：320 元
I S B N：978-986-079-583-7

生命，因**閱讀**而**大好**